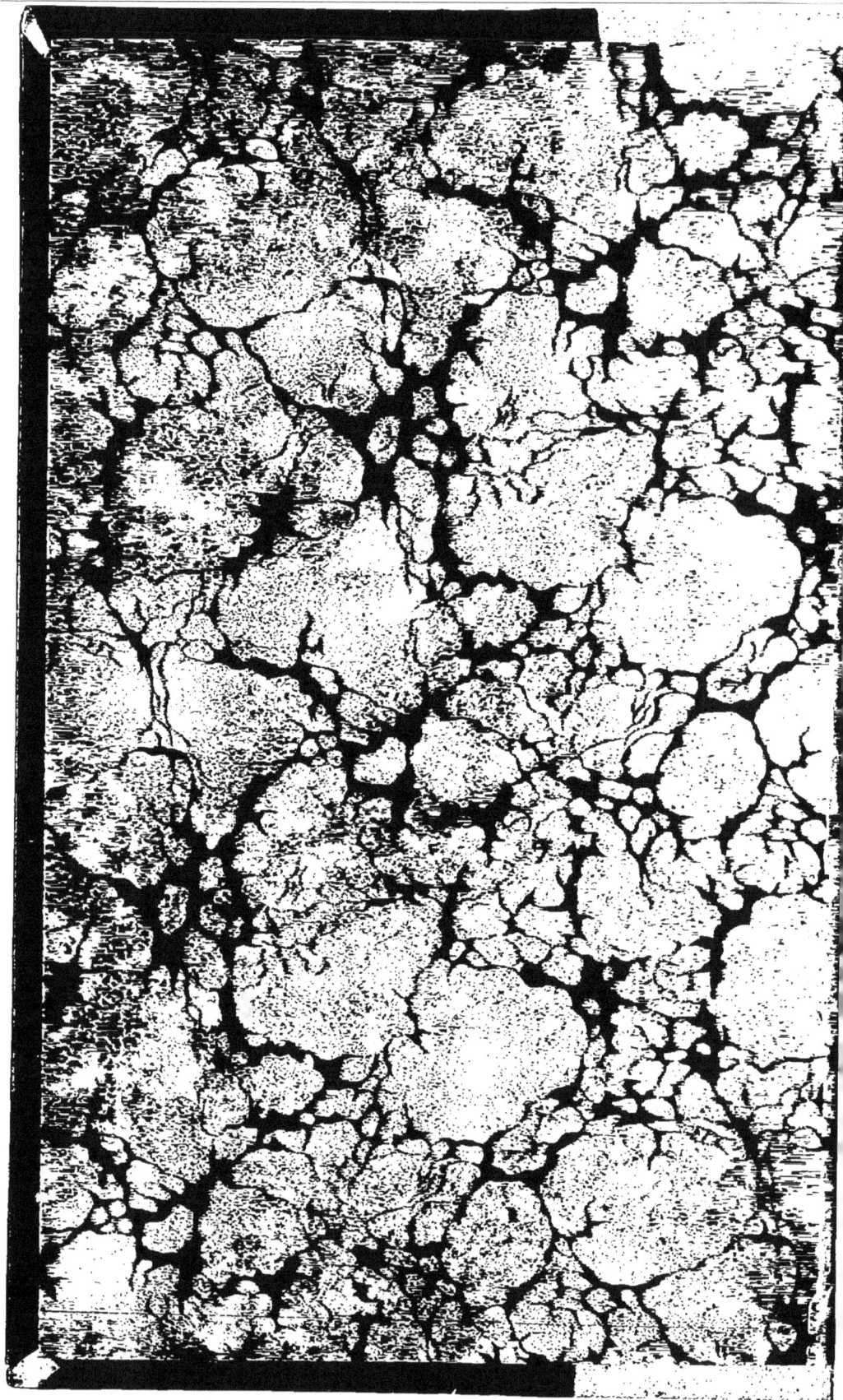

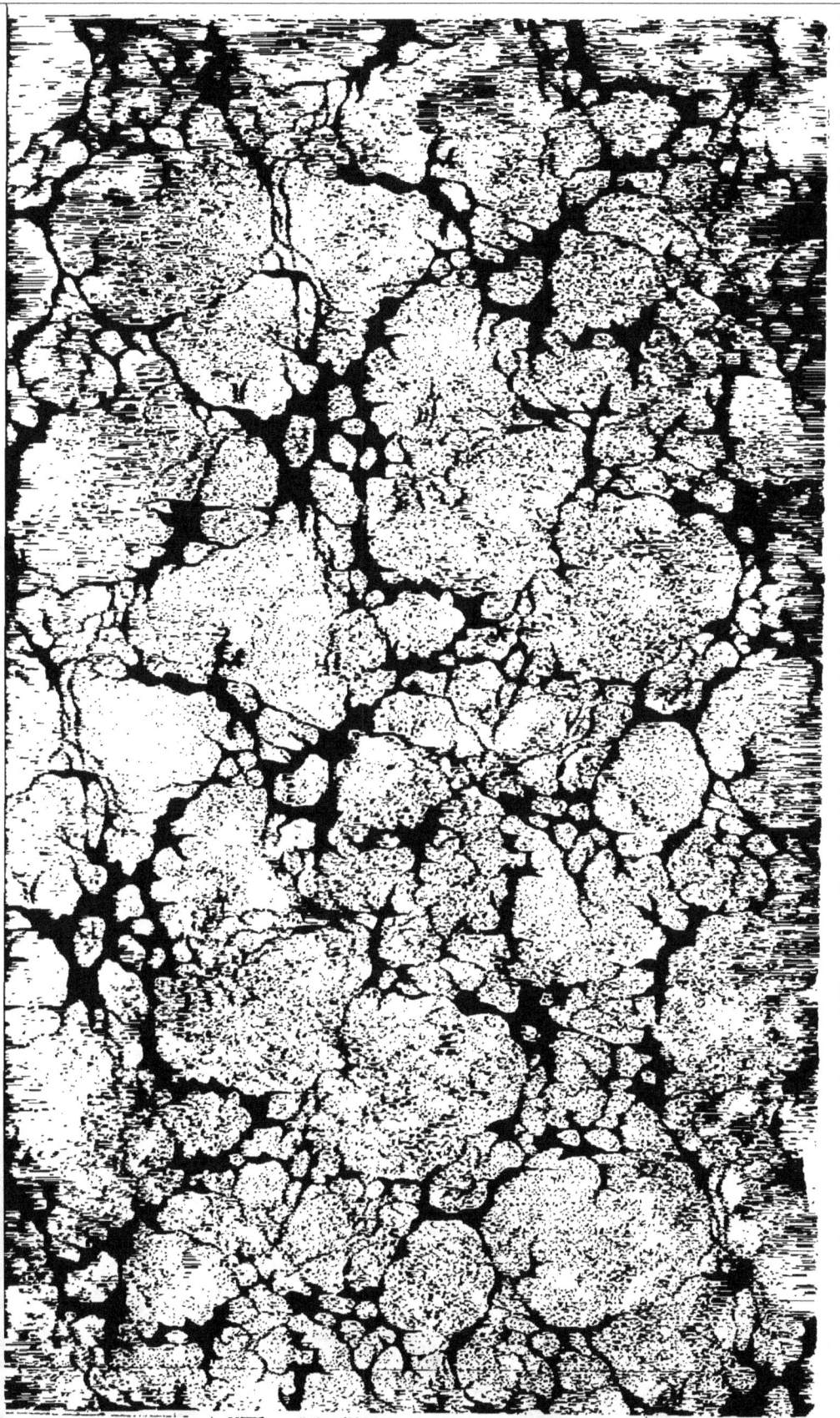

LA SCIENCE

PENDANT LE

SIÈGE DE PARIS

PAR

M. ERNEST SAINT-EDME

Ex-secrétaire du comité scientifique de défense des arrondissements de Paris
professeur de sciences physiques à l'École supérieure du commerce, etc.

PARIS

E. DENTU, ÉDITEUR

LIBRAIRE DE LA SOCIÉTÉ DES GENS DE LETTRES

PALAIS-ROYAL, 17 ET 19, GALERIE D'ORLÉANS

LA SCIENCE

PENDANT LE

SIÉGE DE PARIS

PARIS. — IMP. SIMON RAÇON ET COMP., RUE D'ERFURTH, 1.

LA SCIENCE

PENDANT LE

SIÉGE DE PARIS

PAR

M. ERNEST SAINT-EDME

EX-SECRÉTAIRE DU COMITÉ SCIENTIFIQUE DE DÉFENSE
DES ARRONDISSEMENTS DE PARIS
PROFESSEUR DE SCIENCES PHYSIQUES A L'ÉCOLE SUPÉRIEURE
DU COMMERCE, ETC.

PARIS

E. DENTU, LIBRAIRE-ÉDITEUR

PALAIS-ROYAL, 17 ET 19, GALERIE D'ORLÉANS

—

1871

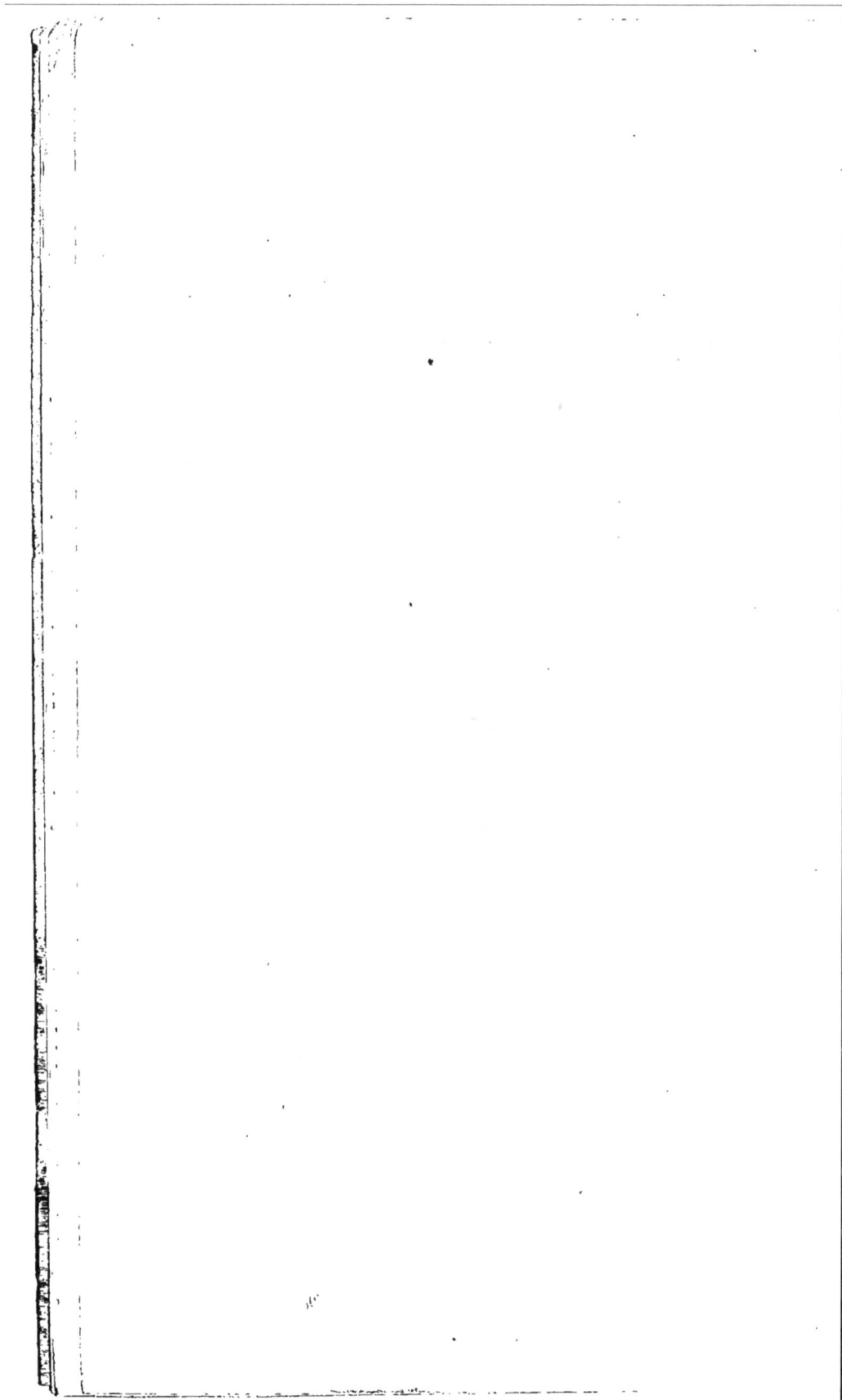

LA SCIENCE

PENDANT LE

SIÉGE DE PARIS

CHAPITRE PREMIER

ÉTAT DE DÉFENSE DE PARIS AU 4 SEPTEMBRE

Une guerre, absurde sous tous les rapports, politiques et sociaux, tel fut le couronnement de l'é-
difice napoléonien. Il se trouva, pour assister la
fin de l'empire, un ministère, dit des *honnêtes
gens*, qui fut assez frappé de coupable incapacité,
pour aider les vétérans du second empire à jouer
un *va-tout* dynastique.

Que pensent-ils maintenant, ces hommes d'État

qui devaient savoir la Prusse armée contre notre
malheureux pays ? Comment, ne connaissant rien
à l'état de nos forces militaires, ont-ils eu la coupable audace de faire voter la guerre, c'est-à-dire
la mutilation de la France, à une Assemblée lé-
gislative, et cela, aux cris redoublés de : « Vive
la dynastie napoléonienne ? »

Comment faut-il interpréter les pensées de ces
ministres de la fin de l'empire ? Le ministre des
affaires étrangères ignore ce qu'on dit à Berlin
et laisse compromettre la France par ses ambas-
sadeurs, dont l'inintelligence est trop flagrante.
Le ministre de l'intérieur et le trop fameux préfet
de la police impériale voient partout des com-
plots, des assassins, des perturbateurs, mais ils
ont les yeux fermés sur les espions de la Prusse
qui vivent de pair à compagnon avec les amis de
l'empire, et ils laissent en paix les espionnes
allemandes soutirer les renseignements politiques
et militaires aux principaux agents du gouvernement impérial. Quant au ministre de la guerre,
après avoir fait le serment d'avoir compté lui-

même les boutons de guêtre de ses soldats il sup-
plie, à Châlons, l'empereur de le laisser se faire
tuer.

Où sont-ils aussi ces fous qui ne surent que
brailler à la guerre, sous l'instigation de ce honteux ministère, et qui ne voulurent, à toute force,
entendre les nobles paroles patriotiques de l'illustre homme d'État, M. Thiers, qui, au risque
de sauver l'empire, ne songeait qu'à la France,
en essayant de rappeler à la raison les vociféra-
teurs dynastiques? Ah! M. Émile Ollivier, votre
orgueil a coûté cher à la France : puisse-t-elle
enfin comprendre qu'il lui est à jamais interdit de se livrer aux caprices d'un ministre absolu.

Malgré l'opposition de la gauche et les discours
patriotiques de M. Thiers, le ministère emporte
glorieusement le *bill* de guerre aux Tuileries. Immédiatement, la déclaration de guerre est expédiée
à Berlin, où, de joie, le roi embrasse princes et
ministres. Le gouvernement français avait donné
dans le piége, et l'armée allemande, prête de

longue date, pouvait, en tout droit, tout honneur, envahir la France.

Quel triste souvenir pour Paris que celui des bandes de policiers de bas étage qui parcouraient la ville en arborant des drapeaux portant les inscriptions de : « Vive la guerre ! » — « A Berlin ! » — Ces émeutiers patentés du gouvernement bousculaient ou arrêtaient les patriotes sensés qui se ralliaient aux cris de « Vive la paix ! » Mais, peuple infortuné, « vive la paix ! » signifiait alors pour le pouvoir « A bas la dynastie napoléonienne. » L'empereur s'imaginait que l'avenir de son fils nécessitait un égorgement international : il était donc criminel de se prononcer contre la guerre.

O dynasties ! avez-vous fait votre temps ? verrons-nous encore les peuples se sacrifier aux intérêts mesquins de personnalités plus mesquines encore ? O peuples, apprendrez-vous enfin à vous passer de *sauveur*, qu'il s'appelle empereur, roi, ou dictateur ? Quel que soit l'homme que vous adoptiez, de quelque nom que vous l'affubliez, soyez persuadé que, nommé en qualité de sauveur, il voudra vous sauver toujours; sinon, un calme trop durable serait capable de faire mettre en doute ses capacités de sauveur, et il craindrait qu'on en vînt à disputer sur les appointements.

En voulant sauver sa dynastie, l'empereur Napoléon III prétendait persuader à la France qu'il la sauvait de l'Allemagne; et, en fin de compte, il aidait Guillaume à défendre sa dynastie contre le mouvement républicain qui se prononçait trop vivement en Allemagne.

La guerre s'ouvre au bout d'un temps qui laisse au peuple français le loisir de reconnaître, trop tard, hélas! que M. Lebœuf a bien mal compté ses boutons de guêtre. Les arsenaux sont vides, les intendances ne peuvent fournir de vivres, les places fortes n'ont pas été mises en état, les garnisons ne sont pas en force, la flotte n'est pas armée. Rien, ni vivres, ni munitions, ni matériel, ni argent. Et, par-dessus tout cela, pas de généraux. Avec un tel bilan, résultat de vingt ans d'empire, une Chambre frappée d'insanité mettait la France aux mains avec un pays aussi mili-

1.

tairement réglementé que l'est la Prusse et qui
nourrissait depuis de longues années l'anéantisse-
ment de notre malheureuse patrie. La campagne
s'ouvre par une victoire, la seule que la France
puisse enregistrer. Le précepteur de S. A. le prince
impérial, M. Frossard, désire lui montrer, sur
nature, ce qu'est une bataille; et, la division
Frossard culbute dans Saarbrück deux bataillons
allemands, « Louis a vu le feu » et il a ramassé
une balle tombée aux pieds de son cheval. De fait,
le malheureux enfant eut une attaque d'épilepsie;
ce dont nous ne le blâmons pas, car de plus énergiques ne pourraient supporter, même à un âge
plus avancé, le spectacle d'un égorgement. Mais
cette *victoire* fut bientôt payée par de sanglantes
défaites, et, à peine rentré à Metz, l'empereur dut
commencer la série de retraites qui l'amenèrent
à Sedan.

Puisse Sedan profiter mieux à la France que
Waterloo. A Sainte-Hélène, l'esprit français voulait encore voir un guerrier tombé sous la fatalité,
un héros vaincu par un malheur immérité; il s'y

intéressait bien trop, hélas! Sedan détruira-t-il ce prestige?

A Sedan, Napoléon III est bloqué avec près de 100,000 hommes, il peut faire une trouée, dégager la route de Metz, permettre le mouvement couvert sur Paris, donner ainsi le temps d'armer cette mobile qu'on avait laissée non équipée, pas même nourrie, d'organiser enfin une défense sérieuse. Eh bien! non, l'homme fatal ne pense même pas qu'il peut mourir honorablement : il demande à se rendre. Et, quand Guillaume, tout surpris, apprend cette nouvelle, il ne veut pas y croire; il veut que l'empereur des Français lui apporte lui-même son épée...

Paris apprend, le 4 septembre, la reddition de Sedan. Il est acquis que M. Palikao savait la nouvelle dès la veille, alors que la maladie du mensonge qui dévorait les napoléoniens lui faisait affirmer à la Chambre « que Paris illuminerait s'il savait ce qu'il sait. »

Paris n'illumina pas; le deuil convenait à une telle défaite; mais un vaste soupir de soulagement s'échappa de toutes les poitrines. On pensait que la victoire devait revenir au drapeau français dès l'instant qu'il ne serait plus dominé par l'oiseau fatal, symbole de l'Empire. Hélas! les traîtres restaient, puis les incapables, et enfin, par-dessus tout, les énergumènes et les fous révolutionnaires. Pauvre France!

Le QUATRE SEPTEMBRE restera une date à jamais mémorable pour Paris. Par un beau soleil d'automne, la garde nationale se réunit sans armes, marcha sur le Corps législatif; une députation pénétra dans la salle des séances, annonça la volonté du peuple de Paris. Sous le souffle national, la majorité disparut, et ce que l'on appelait la *gauche*, les hommes les plus respectables de cette Chambre, fin d'Empire, furent conduits à l'Hôtel de Ville, où ils proclamèrent la *République française* et constituèrent le *Gouvernement de la défense nationale*. Rappelons sa constitution : MM. LE GÉNÉRAL TROCHU, *président du gouvernement, gouverneur de Paris, général en chef de l'armée de*

Paris; — Jules Favre, *vice-président du gouvernement, ministre des affaires étrangères;* — Gambetta, *ministre de l'intérieur;* — E. Picard, *ministre des finances;* — Jules Simon, *ministre de l'instruction publique;* — Dorian, *ministre des travaux publics;* — Fourichon, *ministre de la marine;* — Crémieux, *ministre de la justice;* — Emmanuel Arago, *maire de Paris;* — Kératry, *préfet de police;* — E. Pelletan; — Garnier-Pagès; — Glais-Bizoin; — Jules Ferry. — Nous devons répudier le nom si tristement célèbre de Rochefort.

M. Magnin était *ministre de l'agriculture et du commerce,* et M. Le Flô, *ministre de la guerre.* Le général Clément Thomas commandait en chef la garde nationale.

Dès le commencement des désastres, le gouvernement de la régence avait fait mine de mettre Paris en état de défense; mais cette tentative semblait bien illusoire. Le gouvernement de la régence aurait bien cédé tout à la Prusse, lors de Sedan, pourvu que la régence succédât à l'Em-

pire, en attendant que sonnât l'heure de Napoléon IV. Le 4 septembre, à midi, la régente et
les impérialistes ne doutaient pas d'une entente
possible avec M. de Bismark. Mais le bruit de
cette masse, non armée, de gardes nationaux
grondant sous les fenêtres des Tuileries suffit
pour faire organiser le « sauve qui peut ». La
régente et l'enfant partaient dans un fiacre,
sous l'égide de M. le chevalier Nigra : un gamin
nommait l'ex-majesté dans le parcours, lorsque
M. Nigra lui tira les oreilles en lui reprochant de
crier : « Vive la Prusse ! » d'où, tumulte, grâce auquel les fuyards purent gagner Saint-Cloud, puis
la route de l'étranger. En peu d'heures, la déban-
dade se fit dans tout le camp impérialiste, et Paris
ne contint plus que les partisans de la patrie af-
fligée par l'invasion allemande. De cette époque
date réellement la défense de Paris.

En résumé, Bazaine se repliait sur Metz, où il
allait être bloqué ; Vinoy ramenait sous Paris les
malheureux échappés à tant de batailles sanglantes
et inutiles. Ils accouraient, annonçant la marche

rapide des hordes allemandes qui s'élançaient sur Paris, comme vers la ville promise. Chacun d'eux, du chef au dernier soldat, semblait déjà *humer le pillage*. La Bretagne, la Bourgogne et d'autres provinces nous envoyaient leurs mobiles, que Paris acclamait comme devant être ses glorieux défenseurs. La garde nationale s'organisait avec un enthousiasme tout patriotique. Le gouvernement de la défense nationale, quoique s'étant établi spontanément, était accepté de tous, et, à ce moment, que chaque Parisien n'oubliera jamais, avec quel sentiment d'espérance parlait-on du général Trochu, de Jules Favre et de Dorian ! La municipalité de Paris faisait aussi *peau neuve* par voie également spontanée ; mais il était urgent de faire *table rase* des impérialistes. Malheureusement, dans cette opération, le gouvernement n'a pas été assez radical. Au 4 septembre, enfin, on ne se préoccupait de l'arrivée des Prussiens sous Paris que pour redire sur tous les tons : « Paris sera le tombeau des Prussiens. »

Des bruits, hélas ! trop favorables, tendaient à

nous faire croire que, du moins sur mer, la Prusse payait quelque peu ses victoires. Sa flotte cuirassée, construite à tant de frais, était bloquée dans le port de Kiel; puis elle était prise, grâce au dévouement d'un de nos bâtiments qui avait affronté la ligne des torpilles. Ces bruits, malheureusement, équivalaient aux bulletins de l'armée impériale; ils étaient absolument faux. Le désordre, qui avait perdu l'armée de terre, avait ruiné toute tentative quant à l'armement de la flotte; et nos marins, qui n'avaient jamais pu quitter les ports, furent ramenés à Paris, où ils devaient tant s'illustrer.

Tel était l'état de la défense de Paris au 4 septembre, alors que le gouvernement de la défense nationale ramassait à terre le triste héritage de l'Empire.

CHAPITRE II

M. DORIAN ET L'ORGANISATION CIVILE DE LA DÉFENSE.
CRÉATION DU GÉNIE CIVIL. — LES INVENTEURS ET LES COMITES SCIENTI-
FIQUES. — APERÇU DE QUELQUES PROJETS.

Les remparts au 4 septembre. — L'investissement de Paris date du 17 septembre 1870. A cette
époque, les premiers uhlans entrèrent dans Versailles et, en quelques heures, ils se répandirent
tout autour de la capitale. Dès le 19 de ce mois,
les Prussiens avaient pris leurs positions de siége,
et ils commençaient ces gigantesques travaux qui
devaient enclaver Paris dans un triple cercle de
fer. Et cependant les Parisiens, toujours incré-
dules, toujours prêts à céder à l'illusion, venaient

2

assister à ces travaux de blocus cherchant, des points élevés de la ville, à apercevoir ces Allemands audacieux; ils pariaient que ce siége était illusoire et qu'il durerait trois semaines au plus.

Du *quatre* au *dix-sept* septembre, la défense de Paris changea absolument de phase. Au *quatre septembre*, les positions n'étaient pas achevées sur les remparts; de rares canons étaient en avancée, des affûts vides et des pièces démontées gisaient à terre, les travaux d'épaulement n'existaient pas; et on ne rencontrait que de rares ouvriers occupés à commencer le soutènement des portes. Les Parisiens se demandaient alors, avec un doute très-réel, s'il était possible que l'armée allemande fût en marche sur Paris. Au 17 septembre, l'aspect des remparts n'était plus le même : malheureusement, on avait dû abandonner divers travaux avancés pour s'occuper exclusivement des forts et de l'enceinte. Pourquoi faut-il que le temps ait manqué pour mettre en état des positions de défense aussi précieuses que Châtillon, Montretout, le plateau de Sannois, Stains,

le Bourget, Choisy...? Certes, la possession de
quelques-uns seulement de ces points eût absolument changé la question de face. Mais, qu'on
veuille bien se souvenir que tous les ouvriers dis-
ponibles suffisaient à grand'peine pour effectuer
ce gigantesque travail des remparts et des avancées. Déjà même, il faut le dire, puisque c'est la
vérité, le sentiment du devoir baissait tellement
dans la classe ouvrière qu'il fallait recourir à la
force pour en contraindre un trop grand nombre
au travail. Bientôt après, la solde de 1 fr. 50 cent.
transforma la majeure partie de la classe ouvrière
en défenseurs de la ville, défenseurs très-ardents,
très-patriotiques, mais absolument rebelles au
travail. On sait maintenant combien cette solde
fut trop souvent accordée mal à propos; mais il
y eut un abus bien plus grand dans la distribution des grades payés et des trop nombreuses si-
nécures de tous genres qui fleurirent en ce temps
de siége. C'est à ce bien-être, inespéré pour tant
de parasites, que l'on doit attribuer les cris de
paons effarouchés qui retentirent à la nouvelle

affreuse de la reddition de Paris : les vrais patriotes ne crièrent pas... ils pleurèrent.

S'il n'était pas possible de mettre à profit les
défenses naturelles de Paris, on aurait pu en détruire certaines. On verra plus loin, au chapitre
des *Torpilles*, comment il eût été possible de mi-
ner Meudon, Saint-Cloud, Saint-Germain, Versailles, de les relier électriquement à un point
des avancées de Paris, et de rendre impossible
la mise en installation des batteries prussiennes. On voulait opérer ainsi pour Châtillon; mais
la mine ne put être achevée. C'est la première
proposition que nous ayons formulée devant le
*Comité scientifique de défense des arrondisse-
ments de Paris.* On nous répondit qu'il ne fallait pas sacrifier ainsi les palais qui font l'ornement des environs de la capitale. D'abord, on
pouvait sauver les richesses artistiques qu'ils ren-
fermaient; ensuite, où est le palais de Saint-Cloud?
que reste-t-il de Meudon? Quel coup terrible, si des
masses allemandes fussent tombées écrasées sous
les décombres de ces châteaux! de quelle terreur

leurs bandes n'eussent-elles pas été saisies! et combien tout changeait subitement dans l'ordre d'investissement qu'ils avaient si mathématiquement ordonné.

Enfin, ainsi que disait un penseur, toute idée est insensée, du moment qu'elle n'a pu servir.

C'est à M. Dorian que revient exclusivement l'honneur d'avoir rendu Paris inexpugnable; c'est sa profonde connaissance des hommes et des choses, son admirable intelligence de l'administration industrielle, son courage, son puissant esprit de travail qui ont enfanté, en moins d'un mois, ce travail gigantesque qui frappa d'admiration nos ennemis, tout stupéfaits de se trouver à la porte d'une ville qu'ils pensaient trouver toute grande ouverte.

Il ne faut pas croire que, pour fortifier Paris, il suffisait de se mettre au travail et de le pousser le plus activement possible. Si l'empereur n'était plus là, il n'avait pas emporté avec lui son administration qui s'était si bien distinguée en orga-

2.

nisant les préparatifs de cette guerre atroce! Ils
étaient là, dans les comités du génie, de l'artillerie, etc., ancrés à leurs fonctions, tenaces aux
appointements. Non-seulement ils opèrent avec la
sage lenteur de l'escargot, mais ils ne veulent pas
qu'on s'aperçoive de leur nuisible inutilité, et
aucune pincée de terre ne peut être remuée aux
remparts sans qu'expédition sur expédition n'ait
été passée dans leurs bureaux. L'ennemi est là ;
qu'importe! et l'ordre, les formalités, la hiérar-
chie, etc.? Se confier à eux était donc impossible,
le talent était au contraire de s'en passer.

Le Comité de génie civil. — M. Dorian pensa
tout de suite à l'industrie privée. Il se trouvait,
en ce triste moment, des masses d'ingénieurs, de
contre-maîtres, d'ouvriers sans emploi : tous les
ateliers étaient vides. Il en forma une armée, des
mieux organisée, qu'il nomma le *génie civil.*

Cette puissante armée fut exclusivement composée de volontaires : les soldats seuls devaient
être rémunérés. Appel fut adressé aux ingénieurs

en chef des grandes industries, aux professeurs spéciaux, aux ingénieurs de tous grades, sortis de l'École centrale, aux anciens élèves des Écoles d'arts et métiers pour constituer ce corps. Le génie civil fut ensuite divisé en sections ayant ses chefs, sous-chefs, etc.; chaque section se mit immédiatement à l'œuvre pour effectuer la partie qui lui incombait dans l'œuvre de la défense nationale.

Le génie civil répandit donc ses cohortes sur les remparts et activa énergiquement leur mise en défense. Mais il ne suffisait pas de fortifier l'enceinte, il était tout aussi nécessaire de la garnir de canons, et autant que possible de canons de puissant calibre, rayés et se chargeant par la culasse. Paris était bloqué, et un trop grand nombre des pièces ne figuraient guère que pour le coup d'œil. Là fut la plus grande tâche qu'entreprit le génie civil. Il fallait trouver dans Paris investi toutes les ressources d'un arsenal, et les comités militaires ne pouvant rien à Paris, il fallait mettre l'industrie privée à même de fabri-

quer canons, fusils, obusiers, etc., des modèles les
plus nouveaux et les plus énergiquement utiles.
Le génie civil entreprit cette lourde tâche. Il fallait
s'adresser à l'industrie privée, non-seulement pour
commander des canons, mais pour en surveiller
l'exécution, en diriger les essais; il fallait faire
construire les affûts, les caissons, tous les accessoires, tels que les chariots à gargousses, les forges
de campagne... organiser tout enfin pour que les
batteries fussent livrées au gouvernement complétement armées et prètes à être attelées.

Le siége de la centralisation de cet énorme travail fut au *Conservatoire des arts et métiers*, ce
travail s'effectuait sous la haute direction de
M. Tresca, sous-directeur et professeur de mécanique dans cet établissement si éminemment national.

Le Conservatoire des arts et métiers offrit, pendant toute la durée du siége, l'aspect d'un vaste
dépôt d'artillerie. Le public se donnait rendez-
vous, chaque jour, à la grille de l'église, sur la
rue Saint-Martin, pour assister au défilé de sor-

tie des canons et des mitrailleuses dont le gouvernement prenait possession, soit directement,
soit par voie de don patriotique. Chaque jour,
en effet, une commission municipale, un bataillon de garde nationale, une société privée quelconque venait prendre à ce dépôt *la* ou *les* pièces
de canons, nouveau modèle, que le cortége conduisait en pompe au siége du gouvernement, à
l'Hôtel de Ville.

Les discussions nombreuses qui s'engagèrent
sur les canons aboutirent à faire adopter, pour
pièce de campagne, le *canon rayé de sept*, se
chargeant par la culasse.

Nous sortirions de notre cadre en énumérant
les divers modèles de canons, mitrailleuses, fusils
de rempart, etc., qui furent soumis à l'étude du
comité de génie civil ; le nombre des projets étu-
diés est considérable. On installa des ateliers de
dessins, d'où il est sorti un grand nombre de
planches ; et certainement le *Mémorial* du Comité constituera un dossier des plus intéressants à consulter, tant pour les simples amateurs

de projets que pour ceux qui s'adonnent par état
à l'étude des engins de guerre.

*Les Comités scientifiques de défense des arron-
dissements de Paris.* — A côté du génie civil, pri-
rent place les *Comités scientifiques de défense*
créés par M. Dorian, assisté de M. Jules Simon,
ministre de l'instruction publique. Ces comités
eurent un rôle important, qui changea de nature
selon les diverses phases du siége.

La défense d'une ville qui s'appelle Paris ne
peut ressembler à celle d'une place forte ordinaire,
quelle que soit son importance. Les exigences
d'une population de plus de *deux millions* de
personnes sont nécessairement considérables.
Ajoutez-y cette complication d'un gouvernement
renfermé dans la ville ; ce n'est plus une place
forte qui est assiégée, c'est la capitale et le gouvernement qui sont séparés du pays par un blocus
impitoyable. Nous avons vu, durant les premiers
jours du blocus, les Parisiens assister à l'arrivée
des Allemands sous leurs murs avec la curiosité

si enfantine qui les caractérise ; on les voyait, ces incorrigibles Parisiens, utiliser les beaux jours de la fin de septembre à encombrer de leurs lorgnettes et lunettes les abords du pont d'Auteuil, du Trocadéro, de Montmartre, des buttes Chaumont. Comme premier sacrifice, ils avaient accepté les promenades des remparts au lieu des parties de campagne. (Hélas ! ces environs si renommés allaient subir la plus horrible dévastation qu'on puisse rêver. Paris, à plusieurs lieues alentour, ne devait plus être qu'un vaste cimetière [1].)

Au bout de quelques jours, un changement notable se fit dans les esprits. Pas de nouvelles de l'extérieur. Calme plat en deçà et au delà des lignes d'investissement. Au dehors, les Prussiens travaillaient à constituer la triple enceinte qui devait nous séparer pour longtemps de l'extérieur et contre laquelle tant de dévouements devaient échouer ! On raillait, hélas ! le calme des assié-

---

[1] La Commune a impitoyablement achevé l'œuvre de destruction des Allemands, tant dans l'intérieur de Paris qu'aux environs. — L'*Internationale* a justifié son origine allemande.

geants. Au dedans, l'industrie privée, sous l'inspiration du génie civil, préparait un nouveau matériel de guerre pour rendre l'armée de Paris, nouvelle elle aussi, capable de résister à la puissance assiégeante. Peu à peu, les esprits s'échauffèrent; on se lasse vite à Paris. Les inventeurs de procédés de délivrance se mirent à l'œuvre, et bientôt le marché de l'imagination fut inondé. C'est alors qu'il fallut opposer une digue à ce déluge d'idées de sauvetage et que le gouvernement dut organiser les *Comités scientifiques de défense*. Leur rôle se comprend donc aisément. En ce temps de *défense nationale,* dont l'expression vraie signifie que chacun doit contribuer à la défense commune selon sa force physique et sa capacité intellectuelle, les chefs de la défense ont le devoir de recevoir toutes les communications sensées ou absurdes, de façon « à démêler dans le tas de fumier la perle qui peut s'y trouver égarée. » — Les *Comités scientifiques* furent les intermédiaires entre les inventeurs et le gouvernement. Nous les prions donc tout d'abord et par la même occasion de nous absoudre si les projets que nous, personnellement, avons transmis en leurs noms n'ont pas reçu l'adhésion des autorités compétentes. A tout seigneur, tout honneur : le comité suprême, en ce genre, fut le *Comité scientifique supérieur*, installé, sous les auspices de M. Jules Simon, au ministère de l'instruction publique. Ce comité était divisé en deux sections distinctes : *section de chimie, pyrotechnie*, etc.; président, M. Berthelot, du Collège de France; *section de mécanique, art militaire*, etc., président, M. Delaunay, le directeur de l'Observatoire. Ces illustres savants avaient formé le personnel de ces comités en faisant appel à toutes les illustrations scientifiques demeurées à Paris, malgré le siége. Les séances furent tenues très-régulièrement, du moins pendant la première période du siége, celle, du reste, durant laquelle les inventions affluèrent. M. Jules Simon mit 40,000 francs à la disposition du Comité supérieur pour exécuter les expériences nécessaires; et, vu l'autorité personnelle de chacun des mem-

bres, les inventeurs de projets sensés et applica-
bles avaient tout droit d'espérer les voir pris en
considération.

Le nombre de projets qui *tomba* sur le comité
est incroyable. Rendons-lui justice, le travail se
fit d'une façon aussi suivie que possible ; et, si les
inventeurs en veulent à leurs juges, c'est que le
conseil avait décidé que nulle réponse ne serait faite
aux auteurs de projets; que les auteurs des seuls
projets dignes d'intérêt seraient appelés en conseil pour répondre aux questions qui leur seraient
adressées. Écouter ce nombre d'inventeurs eût
été une tâche impossible. C'est alors que M. Dorian, voulant utiliser pour la défense de Paris
toutes les forces vives de la capitale, adopta, d'ac-
cord avec M. Jules Simon, l'idée des *Comités scientifiques de défense des arrondissements.*

Voici, alors, comment devait se distribuer le
travail. Dans chacun des arrondissements, le
maire devait installer, sous sa présidence, un
comité scientifique composé de trois membres :
un chimiste, un mécanicien, un architecte. (Le

maire pouvait, s'il le jugeait convenable, augmenter ce nombre.) Le comité, siégeant régulièrement à jours et heures fixes, devait recevoir et étudier les projets dérivant exclusivement de l'arrondissement, puis faire son rapport aux autorités compétentes sur ceux qu'il avait jugés dignes d'attention. Il arrivait ceci : c'est que le ministre compétent, le gouverneur ou le maire de Paris renvoyait le projet au comité supérieur, avec charge de prononcer en dernier ressort.

Dès sa première séance, en date du 10 septembre 1870, nous avons proposé au comité scientifique du VIIe arrondissement de centraliser le travail des comités en les formant en *assemblée générale*. Chaque comité ferait son travail divisionnaire, et les projets approuvés par lui seraient soumis à l'assemblée de tous les comités qui prononcerait sur l'urgence qu'il y aurait à appeler ou non l'attention du gouvernement sur l'idée mise en discussion. On comprend que l'opinion d'une telle assemblée devait être de nature à éviter au gouvernement la nécessité de

recourir à un autre conseil. D'autre part, les
inventeurs avaient la certitude d'être reçus, d'être
écoutés, et, au besoin, d'être aidés dans leurs travaux. En outre, ils pouvaient espérer d'être écoutés du gouvernement dans le cas où leurs idées
pouvaient être utiles à Paris. — Notre idée fut
acceptée, et les comités divisionnaires se réuni-
rent en assemblée générale dès le 20 septembre :
ce conseil se réunit souvent trois fois par se-
maine, au ministère des travaux publics, et tint
sa dernière séance le 7 février 1871, alors que
la défense nationale avait accompli sa tâche. Mais,
en fondant les comités scientifiques de défense
d'arrondissements, MM. Dorian et Jules Simon ne
purent leur donner, ce que le gouvernement n'a-
vait pas, « l'argent » pour venir en aide aux inventeurs.

Les savants ont le malheur de ne pas être riches ; il nous était donc impossible de fournir les
sommes qu'on aurait trouvées plus sûrement dans
les caisses de nos collègues du comité supérieur.
L'idée nous vint de lever une contribution, toute

patriotique, dans le VIIe arrondissement, afin de conseiller à nos collègues de suivre cet exemple, s'il aboutissait à un bón résultat. Notre quête, continuée pendant trois jours à domicile, fut assez abondante. Le VIIe arrondissement est riche, il est vrai, mais combien il y avait d'absents! Nous remercions donc d'autant plus vivement les fidèles amis de Paris qui ont ouvert leurs bourses au comité scientifique de défense du VIIe arrondissement[1]. Les quêtes étaient moins aisées, il paraît, dans certains arrondissements, trop surchargés de réfugiés, qu'il fallait entretenir complétement, mais les maires permirent la formation d'une petite caisse qui aida encore quelques inventeurs.

Les souscriptions nationales pour les canons.— Les premiers combats livrés sous Paris dans les premiers jours d'octobre, prouvèrent trop nettement, qu'il fallait renforcer considérablement

---

[1] M. le docteur Ribeaucourt était alors maire du VIIe arrondissement et président du comité scientifique de défense.

3.

l'artillerie de campagne; le génie civil était à l'œuvre, mais il fallait que Paris tout entier entreprît l'œuvre des canons. C'est à l'assemblée générale des comités scientifiques de défense des arrondissements que revient l'initiative de la *souscription nationale*. L'assemblée voulait que Paris eût toutes les gloires désirables, dans le cours de sa défense. Que les riches donnent l'argent et se battent, que les pauvres travaillent et se battent.

A ce moment, on espérait encore la victoire. A la paix, disions-nous, il faut retirer de l'esplanade des Invalides ces canons qui offensent les nations européennes, en leur rappelant sans cesse les triomphes du premier Napoléon, et les remplacer par les *canons des municipalités de Paris*. Ces derniers affirmeront combien la population de Paris, si mal jugée jusqu'à l'heure de l'infortune, a été grande, dévouée, courageuse, pleine d'abnégation. Ces canons, symboles du patriotisme, rappelleront à chacun le respect de la nationalité voisine; et payés, fondus, travaillés par le peuple de Paris uni dans toutes ses classes, ces canons seront à jamais un titre d'honneur pour la ville de Paris.

Les souscriptions. — Dès l'apparition de cette affiche, les quêtes abondèrent. Dans la garde nationale, dans les comités d'armement, dans les journaux, etc., partout enfin. On organisa des représentations théâtrales, des conférences, des concerts, et, comme nous le disions précédemment, il ne se passa pas de jours, sans que le Conservatoire des arts et métiers n'ouvrît ses portes à un ou plusieurs canons payés par le produit d'une souscription. Nous sommes donc heureux de constater cette part prise par l'assemblée des comités scientifiques à la défense nationale.

Aperçu de quelques projets. — La poudre à Prussien. — Dans les premiers temps du siége, la seule préoccupation était de trouver un projectile qui détruirait la plus grande masse possible d'Allemands. Mais jamais on n'apportait de projet sur plan, encore bien moins de modèle exécuté ; l'inventeur avait dans la tête une poudre *effroyable*, mais de composition inconnue. Mais, parmi toutes ces bombes, nous donnons des regrets à un système que notre comité avait soigné tout particulièrement. On avait refondu le projectile à deux reprises et, malgré les démarches réitérées d'un de nos collègues, jamais on n'a pu triompher de la force d'inertie des officiers d'artillerie et parvenir à placer dans un canon, ce projectile qui nous était devenu *cher*, sous tous les rapports.

Un inventeur émérite avait, quant à lui, trouvé une composition tout à fait spéciale. Elle devait avoir pour effet de *décomposer* l'air sur une étendue tellement vaste que les Prussiens seraient tombés, par milliers, frappés d'asphyxie ! Eh bien, certains journaux reproduisirent cette idée si fameuse en reprochant, sérieusement, aux comités de ne ·pas l'accepter. O puissance du canard ! les auteurs eux-mêmes finirent par s'y laisser prendre. Mais, ne croyez pas que nous voulions plaisanter : un homme sérieux nous a écrit qu'il tenait la *véritable poudre à tuer les Prussiens;* qu'à lui seul, il immobiliserait des colonnes entières qui jetteraient leurs armes et ne pourraient pas même fuir; on les tuerait tranquillement, en toute sûreté, ou on les ferait prisonniers, à volonté. Cette poudre était à base de *pyrèthre,* une poudre *sternutatoire.* La bombe, en éclatant, frapperait les Prussiens d'un éternument tenace et prolongé qui les livrerait désarmés. Faut-il ajouter que l'auteur était un pharmacien ?

Les balles empoisonnées. — La grande préoccupation des assiégés fut la pensée que les Allemands, qui s'illustraient par tant d'actes de férocité inutiles, faisaient usage de balles empoisonnées et explosibles. Dans tout le cours de cette horrible guerre, il fut dénoncé des faits qui, faux ou vrais, demandent à être examinés. Il est utile, aussi bien pour l'Allemagne que pour la France, que l'Europe soit saisie du débat et soit éclairée sur la vérité. Les Allemands ont tellement médit des braves volontaires français, quelque nom qu'ils aient adopté ; ils les ont si horriblement traités lorsqu'ils pouvaient les saisir, qu'il faut savoir s'ils usaient contre eux de procédés aussi réprouvés. Plusieurs chirurgiens ont affirmé avoir reconnu des plaies dues à des projectiles empoisonnés. Il est constaté que, en outre des obus au pétrole, nos malheureuses places fortes, Paris compris, ont reçu des projectiles chargés de matières dont la composition fait honneur à l'imagination des chimistes allemands.

Dans la première phase du siége, on admet aisément l'exaspération des Parisiens qui auraient certainement voté une statue d'or, illustrée de diamants, au chimiste qui eût trouvé la véritable « *mort aux Prussiens.* » Ce qu'il y a eu de projets de projectiles explosibles, empoisonnés, terrifiants, etc., est incalculable ; mais nous l'affirmons hautement, l'avis le plus formel avait été donné, que le gouvernement français rejetterait toute proposition de ce genre, quelque avantageuse qu'elle pût paraître.

Bombes et boulets. — Il en fut de même des anciens systèmes de boulets ramés qui revinrent sur l'eau. Le mieux réussi nous fut présenté (le croirait-on?) par un prêtre, qui fut très-colère du rejet qu'éprouva son idée, si opposée à la convention de Genève.

Les bombes à main, d'une foule d'espèces mécaniques et chimiques, affluèrent à nos comités : elles devaient servir à défendre les murailles, au moment de l'assaut, et aussi à la bataille dans Paris si les remparts eussent été enlevés. Trois jours après la présentation du meilleur système d'entre tous, l'auteur était foudroyé par ses bombes, dans son atelier. Le principe générique de ces systèmes était celui des fameuses bombes Orsini. Nous excepterons cependant un projet qui, par bonheur, a pu être repoussé par nos comités (autrement que d'accidents ne seraient-ils pas arrivés!). Il consistait à munir les femmes et les enfants de bouteilles en verre chargées de matières inflammables, et ces bombes en verre éclateraient à terre. On comprend les dangers aux-

quels cet inventeur exposait les défenseurs de
Paris[1].

Ces projets, peu sensés, de bombes à main, se
firent jour lorsque M. H. Rochefort commença
l'œuvre des Barricades. Quelle coûteuse inutilité!
On ne peut l'excuser que par l'immense besoin
que le gouvernement éprouvait de donner une oc-
cupation à M. Rochefort et à ses partisans. Au
moins, ceux qui étaient employés à la *Commission des barricades* laissaient quelque repos aux
véritables défenseurs de Paris. On a dépensé beaucoup d'argent inutilement; mais on a économisé
des 31 octobre. Ces projets, du reste, étaient illu-
soires, puisque l'ennemi ne donnait aucun assaut,
et que la faim devait lui livrer Paris, sauf l'arrivée
d'une armée de secours. Chacun savait que la
lutte dans Paris était une conception insensée. La
construction de ces barricades fut payée 1 franc
par jour, leur destruction 0,50.

Les ballons incendiaires. — L'idée dominante,

[1] La Commune de Paris a encore simplifié ce système.

idée bien naturelle du reste, était de sortir en
masses, de tuer tout ce qu'on trouverait d'Allemands et d'aller à Versailles. Il a toujours semblé
aux Parisiens que Versailles était la clef de la
situation. N'ayant pu armer, et n'ayant pas détruit
les positions maîtresses d'où est venu le feu sur
Paris, chacun comprit qu'il s'agissait de les reprendre. Les inventeurs se mirent aussi de la partie; et encore, à ce sujet, nous voyons des gens
sensés accuser le gouvernement de n'avoir pas accepté leurs projets. Un chimiste très-distingué
proposait de couvrir le sol des bois de Clamart,
Meudon, Ville-d'Avray, de matières incendiaires...
Fort bien; mais comment les avoir? et comment
les semer? Selon ce savant, on enlèverait en ballon des bombes explosives qu'on lancerait sur l'armée ennemie; les ballons pourraient être libres
et les bombes fixées par des mèches à temps. Ce
dernier projet nous avait souri, nous avions même
préparé un ballon *ad hoc;* mais le comité d'artillerie entra dans une belle fureur quand on voulut
lui emprunter une ou plusieurs bombes pour les

4

premiers essais. On demanda au malheureux auteur du projet s'il voulait faire incendier Paris
par voie de pareilles représailles. Cependant on
n'était pas là, à se regarder, pour ne pas s'envoyer
des projectiles trop dangereux, de peur d'en recevoir d'analogues. Ils ne nous ont pas ménagé les
bombes. Peut-être eût-ce été un bien de les recevoir plus tôt, la fin du drame fût arrivée plus
vite, et peut-être le système de défense s'en fût-il
ressenti. Ensuite, il eût été assez aisé de tirer sur
les ballons ennemis avant leur arrivée sur Paris.
Enfin, ce projet, lui aussi, sortait, il paraît, des
termes de cette convention de Genève (qui dit si
peu à la lecture, qu'on interprète si longuement
et que les Allemands ne respectaient guère). Mais,
dit le code de l'honnêteté : « Ce n'est pas une raison
parce que ton ennemi est un brigand pour que tu
l'imites. » Inclinons-nous.

Les balles lumineuses. — Un tirailleur tenait
à savoir, la nuit, où il envoyait ses balles. Il imagina de les rendre lumineuses; du moins cer-

taines, car une fois le point de mire établi, il
eût suffi de continuer le tir avec des balles ordinaires. L'idée était bonne, mais il eût fallu, pour
que la balle devînt lumineuse, que la partie extrême
qui contenait la matière inflammable subît un choc
assez énergique pour prendre feu, ce qui n'avait
pas lieu dans la majorité des cas. En outre, la matière employée était trop coûteuse et trop rare au
moment du siége.

Les fusées au pétrole. — Le pétrole joua un
rôle important dans la partie inventive du siége.
Les Allemands nous menaçaient assez de leurs
bombes perfectionnées, et Strasbourg, Phals-
bourg, Belfort et Paris, en ont pu apprécier les
effets par la suite. Ils faisaient également un usage
très-redoutable des fusées à pétrole. Le gouvernement ne s'opposa pas aux recherches relatives au
meilleur emploi du pétrole. Nous avons même
entendu parler de *lances à pétrole*, dont on espérait le meilleur effet pour la défense des forts.
Mais, encore une fois, il ne fallait s'occuper que

de la projection à grande distance et non de la
prévision d'un assaut. Plusieurs systèmes, très-bien
compris, furent proposés : des essais furent même
exécutés et donnèrent des résultats incendiaires
très-complets; mais, soit que l'occasion manquât,
soit surtout par une répugnance toute française,
de recourir à des engins si meurtriers, le pétrole
ne fut pas sérieusement appliqué du côté français.

Les transformations d'armes. — Abandonnons
cet ordre d'idées pour dire quelques mots sur les
armes; quelques mots seulement, car cette étude
demande un travail tout spécial.

Lorsqu'il s'était agi de la fabrication des canons, le gouvernement pensa naturellement à
l'immense et si bien outillée *usine Cail.* Des difficultés s'élevèrent sur les conditions, difficultés
motivées par la chance immédiate que l'usine cou-
rait d'être bombardée. Un instant Paris eut peur
de manquer de canons : mais le conflit cessa et,
depuis, l'usine Cail rendit, en outre, des services

importants d'autre nature : la *construction de ballons*, la *mouture des grains*.

Mais ce n'était pas tout. A ce moment, chaque Français était persuadé que le chassepot était sa seule sauvegarde contre les Prussiens; la *tabatière*, elle-même, avait perdu le succès qu'elle avait mérité d'abord; à *fortiori*, les *fusils à piston* n'étaient-ils plus considérés comme de véritables armes. Les projets abondèrent sur les moyens de transformer ces vieux systèmes en chassepots. Une réponse générale fut d'abord faite : les canons d'acier manquaient, et on ne pouvait construire de canons en fer à Paris. Un projet fut lancé et relevé par la presse avec trop de précipitation : on proposa de faire les canons de fusil en *bronze d'aluminium*. Chacun a pu admirer, aux vitrines de M. P. Morin, ce bel alliage que forment le cuivre et l'aluminium; ce métal commence à être adopté pour la fabrication des objets d'église, des services de table, et il séduit par la belle nuance d'or qu'il acquiert par le poli.

Mais, en lançant ce projet, l'auteur et ses adhérents oubliaient les beaux travaux de M. H. Deville sur l'aluminium, ou ils devaient avoir trouvé un autre procédé du traitement de l'argile, ce qui n'était pas. Certainement nous foulons aux pieds de grandes quantités de cet intéressant métal à l'état d'oxyde; mais il ne suffit pas, pour l'isoler, de transformer l'oxyde (alumine) en chlorure d'aluminium, puis de faire agir le sodium, qui déplacera le métal cherché. Il faut, pour obtenir l'aluminium pur, faire intervenir le fluorure de calcium, dont on ne dispose pas à Paris. Depuis, il a été reconnu que le fluorure d'aluminium et de sodium était bien préférable; aussi, a-t-on actuellement recours au traitement de la *cryolhite* par le sodium; car ce minéral a la composition du fluorure double en question. La production de l'aluminium à Paris n'était donc pas possible. En admettant même qu'on possédât assez de ce bronze à Paris, nous n'aurions pas encore conseillé son emploi. Une étude spéciale des bronzes d'aluminium nous a montré que les alliages à 5 ou à 10 p. 100 d'aluminium avaient seuls les qualités des alliages définis; or, à quel taux eût correspondu le lingot provenant de la fonte des objets d'orfévrerie. Les canons d'armes obtenus, une autre question serait à soulever : le bronze d'aluminium est formé de deux métaux, cuivre et aluminium, dont l'un est oxydable, le cuivre, l'autre inoxydable. Il résulte de leur union, la formation d'un couple électrique qui active l'oxydation du cuivre. Les armes mal entretenues seraient rapidement rongées par le *vert de gris*. C'est ce qui arrive pour les couverts oubliés sur la table.

Les projets de *fusils à tir rapide* furent aussi nombreux que ceux de mitrailleuses; on en présenta, sur dessin il est vrai, qui tiraient de cinquante à soixante coups à la minute : mais, jamais l'inventeur n'arrivait à la réalisation de son arme. Quelques projets très-intéressants furent constatés. Malheureusement encore, le temps et l'outillage manquaient pour en construire un nombre important. Nous signalerons aussi, en ce genre d'idées, une pièce très-simple qui, formant le fond d'un fusil à tabatière, le rendait fusil à piston à

volonté. C'est le contraire qu'il eût fallu, dira-t-on ?
Cependant l'intérêt de la question est réel. Sup-
posez qu'un homme armé d'une tabatière vienne
à voir la fin de ses cartouches : il est désarmé ;
et, cependant il peut se procurer de la poudre et
des balles, de quoi, enfin, charger un fusil à piston. Que fera-t-il ? il sortira de son gousset un petit cylindre muni d'un *trou à capsule* à la base,
et qui fermera très-rigoureusement la chambre
de la tabatière ; le fusil fonctionnera comme une
arme à piston.

Le modérateur-baïonnette. — N'oublions pas
un inventeur qui, lui, se préoccupait de l'attaque
à la baïonnette. Il partait de ce principe que,
dans la *furia francese*, le soldat enfonçait souvent
trop la baïonnette et qu'il se trouvait en peine de
la retirer du corps de l'ennemi transpercé ; alors
il pouvait être frappé par un autre ; ou il se trouvait contraint d'abandonner son arme. L'auteur
arme la baïonnette d'un modérateur, sorte d'arc
de cercle qui mord sur l'arme à la distance voulue ;

cet appendice arrête l'élan imprimé à la baïonnette. Ajoutons que ce projet n'a pas eu de succès.

Les remparts mobiles. — Nous nous souvien-
drons toujours avec une certaine gaieté des *procédés de protection (remparts ou forteresses
mobiles)*, qui devaient permettre à des colonnes
entières de percer les masses ennemies les plus
compactes, sans le moindre danger. La spéculation
a largement travaillé sur cette donnée — les
murs de Paris étaient couverts d'affiches qui
promettaient la guerre sans périls à tous ceux qui
souscriraient à telle forteresse, à tel rempart.
Tout ce qui nous a été montré en ce genre était du
plus profond ridicule. Mais il ne nous apparte-
nait pas de lutter contre la spéculation ; malheureusement des journaux étaient d'un accès trop
facile pour tous ceux qui prétendaient sauver la
France par un *moyen scientifique* d'attaque ou de
défense. Vers la fin, les comités scientifiques ont
cru devoir invoquer du patriotisme des directeurs

de journaux le refus de publication pour les projets non revêtus de la sanction des comités. Mais
comment espérer triompher de l'esprit de spéculation ? N'a-t-on pas vu apparaître les *pare-balles*
les plus fantaisistes ? C'était, un moment, à penser
qu'on en revenait aux armures du moyen âge.
Heureusement, la garde nationale était animée
d'un sentiment trop patriotique pour encourager
ce triste commerce. Pratiquement parlant, de
quelle utilité pouvaient être ces plastrons de salle
d'arme contre les balles prussiennes qui frappaient
généralement les pieds ou la tête, encore moins
contre les mitrailles d'artillerie qui constituaient
toujours le *grand jeu* de l'affaire ?

CHAPITRE III

LA CORRESPONDANCE EXTÉRIEURE.
LA VOIE DE L'EAU ET LA VOIE DES AIRS. — BATEAUX PLONGEURS.
LIGNES TÉLÉGRAPHIQUES AÉRIENNES. — LES BALLONS.
LES PIGEONS ET LES DEPÊCHES MICROSCOPIQUES.

Paris sans nouvelles. — Interrogez un Parisien pour savoir quelle a été sa plus grande souffrance durant le siége? Sont-ce le rationnement, le pain, le cheval, les bombes? Non, le Parisien répondra qu'il aurait enduré sans se plaindre l'emprisonnement dans l'enceinte de la ville, mais qu'il ne pouvait se résigner à l'absence de nouvelles et à la démangeaison qu'il ressentait à *l'heure du courrier.*

Les journaux devenaient-ils assez agaçants,

avec leurs nouvelles, vieilles de quinze jours au
moins, leurs *cancans* extraits de journaux étrangers, empreints d'une date antédiluvienne! On en
achetait cependant, dans le cours du siége! Mais,
après le coup d'œil général, comme on les chiffon-
nait avec rage!

Paris ne pouvait rester enclavé dans la ligne
d'investissement; il fallait à toute force que le
gouvernement de la défense nationale ne fût pas
isolé de la France. La *délégation de Tours* était
parvenue à son poste avant le 18 septembre; il
eût donc existé deux gouvernements en France —
hélas! malgré le service des ballons, il survint
déjà trop de malentendus. Avec la préoccupation
de la défense, la plus essentielle devait être de
trouver le meilleur mode de correspondance avec
l'extérieur.

Quels étaient donc les procédés qui méritaient
de fixer l'attention?

On pouvait espérer trouver des hommes assez
dévoués ou intéressés pour tenter de franchir les
lignes d'investissement; mais ces actes exception-

nels, qui se sont produits cependant un certain nombre de fois, ne pouvaient être considérés comme un moyen de correspondance suffisant. Au service de la poste, à celui des télégraphes interrompus par les envahisseurs, il fallait substituer un service aussi régulier que possible et dont les employés pussent échapper à leur surveillance ardente et jalouse. Deux voies pouvaient être exploitées : « l'eau et l'air. »

L'eau ou l'air, les bateaux plongeurs. — L'eau était la voie la plus périlleuse ; puisque, bien entendu, on ne pouvait la pratiquer qu'à une profondeur suffisante; l'air, au contraire, est une voie parfaitement sûre, le voyage n'offre de danger qu'à la descente de l'aérostat, et encore lorsqu'elle devient *forcée* par suite d'accident.

Les projets de navigation *sub-aquatique* furent nombreux; mais, il est aisé de comprendre qu'il était absolument hypothétique d'espérer établir un service sub-aquatique régulier entre Paris et la province.

Télégraphie sub-aquatique. — Il surgit, en ce genre, des projets de bateaux plongeurs très-intéressants et qui étaient appelés à rendre des services réels, s'il eût été possible d'appliquer, dès le principe, la méthode de télégraphie sub-aquatique.

Il a été présenté des spécimens de *bateaux-mouches*, très-faciles à construire et capables de permettre, surtout à l'époque des grandes crues de la Seine et de la Marne, de couler à fond, en dépit de la surveillance de l'ennemi, un câble électrique qui eût relié Paris avec la province. Admettant que ce câble, découvert par l'ennemi, soit coupé, détruit même en partie, un autre était rétabli, sur un autre point. En admettant même, qu'en raison d'une surveillance des plus rigoureuses, chaque câble n'ait pu vivre que peu d'heures, que de dépêches n'eût-on pas échangées en ce court intervalle de temps! Un câble coulé heureusement avant les gelées si intenses de cet hiver eût été sauvegardé par les glaçons mêmes que charriait le fleuve. Ce projet était donc trèsréalisable, il avait été complétement étudié par des ingénieurs très-compétents qui en avaient saisi le gouvernement. Il est fort à regretter qu'il ait été compromis par trop de lenteurs ; il eût épargné bien des angoisses, bien des déceptions de part et d'autre, aux derniers moments du siége.

Loin de supprimer l'emploi de la correspondance aérienne, ces deux méthodes se seraient prêté un mutuel concours.

Batteries plongeantes. — Le système des bateaux plongeurs fut présenté également pour servir d'engin de guerre. Il s'agissait, selon l'inventeur, de pouvoir masquer des batteries en les plongeant, puis de les amener au niveau de l'eau, au moment du tir, pour les noyer ensuite. Nos canonnières ont prouvé qu'elles suffisaient à la défense du passage des eaux de la Seine, de la Marne et de la Loire, en admettant même que ledit projet fût réellement applicable.

Ligne télégraphique aérienne. — Avant d'arriver à la question des ballons proprement dite, nous cédons au besoin de signaler la pensée fantaisiste qui travailla alors plusieurs cerveaux d'inventeurs. Plusieurs des comités, et l'Académie aussi, furent saisis de ces projets bizarres.

Puisque les Allemands étaient maîtres des lignes télégraphiques terrestres, pourquoi ne pas en établir d'aériennes, à la plus grande distance possible du sol? Partant de cette idée, voilà la solution généralement proposée: Deux ballons captifs seraient situés aux stations extrêmes. Le fil de ligne serait un câble aussi léger et aussi isolant que possible; ce câble serait maintenu en l'air par des ballons qui se tiendraient aux ballons extrêmes par de solides amarres. Il n'est pas besoin de critiquer longuement cette idée si fantaisiste, mais qui trouve son excuse dans l'envie si naturelle que chacun pouvait avoir de se sentir délivré du cercle qui étreignait si vivement Paris. Les auteurs ne tenaient pas compte du peu de temps relatif que les ballons peuvent rester en l'air en résistant à l'endosmose (échange du gaz hydrogène et de l'air à travers la membrane), de la hauteur à laquelle il fallait poser la ligne pour que les ballons pussent échapper au tir de l'ennemi, de la traction sur les amarres, de la tension du câble, etc.

Mais, parlons des ballons, dont le service a fonctionné pendant tout le cours du siége.

État de la science aérostatique en 1870. Le service de la poste aérienne. — Paris qui s'est retrouvé, au point de vue de la guerre, ramené à 1792 s'est inspiré, sous tous les rapports, des exemples de ses illustres aïeux. L'Académie des sciences a retrouvé fort à propos que Hachette et Guyton de Morveau faisaient le service d'aéronautes près l'armée de Sambre-et-Meuse, en 1794, et qu'alors le général de Berge, encore simple officier, surveillait les ateliers de couture.

L'Académie des sciences a également retrouvé, bien à propos, dans le tome III des *Œuvres de Lavoisier*, un passage relatif aux *machines aérostatiques*, qui traite de la construction et de la

5.

direction des ballons ; ce passage est resté inédit pendant plus de quatre-vingts ans. Si ce document n'eût pas dormi si longtemps dans l'oubli, il eût épargné bien de fausses recherches et d'inutiles tentatives, et il eût provoqué aussi des travaux plus fructueux. Le 27 décembre 1783, une première séance des commissaires nommés par l'Académie pour les machines aérostatiques fut tenue à l'hôtel de la Rochefoucauld, et à laquelle ont assisté MM. le duc de la Rochefoucauld, le Roy, de Condorcet, Brisson, Berthollet et Coulomb. On lit, dans le rapport fait à cette séance par Lavoisier :

« La perfection dont les machines aérostatiques sont susceptibles dépend principalement de quatre choses. La première, de trouver une enveloppe qui réunisse la légèreté à la solidité et qui soit imperméable à l'air et surtout à l'air inflammable. La seconde, de trouver un gaz léger, facile à obtenir partout et en tout temps, et qui ne soit pas dispendieux. La troisième, de trouver un moyen de faire monter et descendre la machine à volonté,

dans une limite de 200 à 500 toises, sans prendre
ni gaz, ni lest. Le quatrième, enfin, de trouver
un procédé facile pour la diriger. »

Sur le premier objet, on a proposé les étoffes
de soie d'un tissu plus serré que le taffetas, et l'on
pense qu'en les pénétrant de vernis à la gomme
élastique, et en appliquant deux épaisseurs l'une
sur l'autre, on aurait une enveloppe qui tiendrait
exactement l'air. Sur le second objet, il est dé-
montré que l'on peut retirer une quantité considérable de gaz de presque toutes les substances
animales et végétales. Berthollet a étudié les pe-
santeurs spécifiques de ces différents gaz inflammables ; celui du charbon de terre s'est trouvé le
plus léger, son poids est le tiers de celui de l'air.
Sur le troisième objet, M. Meusnier a indiqué des
moyens sûrs. On ne peut douter, d'après ce qu'il
en a fait connaître, qu'en supposant une enveloppe capable de tenir du gaz inflammable, sans
perte, lorsqu'il pèse sur elle avec une force de
six lignes de mercure, il ne puisse donner à la
machine la faculté de descendre ou de monter à

volonté et dans une limite assez étendue. Enfin, en employant la force des hommes, il paraît constant qu'on pourra l'écarter de la direction du vent sous un angle de plusieurs degrés.

Meusnier, à cette époque, avait donné un principe de direction dans l'air que l'on retrouve, depuis, dans la méthode de M. Giffard et actuellement dans le procédé de M. Dupuy de Lôme.

Meusnier ne s'occupe, dans son mémoire, que du moyen à employer pour s'élever et descendre rapidement, suivant une verticale, de façon à chercher le vent le plus favorable au voyage que l'on veut effectuer. L'auteur indique combien est pernicieuse la méthode qui consiste à jouer de la soupape et à jeter du lest ; et, cependant, on l'applique encore aujourd'hui. Sa méthode consiste à faire varier le volume du ballon, sans rien changer à son poids. Si, en effet, par un mécanisme quelconque, on pouvait contracter le ballon, comme les poissons compriment leur vessie, il est clair qu'il s'abaisserait jusqu'à ce qu'il trouvât un air plus pesant, dont un volume égal à la nouvelle capacité de la machine fît équilibre à son poids. Le contraire arrivera si l'on permettait au ballon d'augmenter sa capacité. Meusnier indique encore une seconde méthode, qu'il dit préférer à la première; elle consiste à faire varier *le poids du ballon sans que son volume change.*

Pour rendre aussi variable, et surtout pour augmenter le poids d'une machine aérostatique qui est nécessairement isolée et séparée de tous les corps dont nous pouvons disposer ici-bas, il n'y a évidemment d'autre moyen que d'employer le fluide même dans lequel elle nage. Il suffit donc d'introduire dans la machine une certaine quantité d'air atmosphérique, lorsqu'il sera nécessaire de la faire descendre. En évacuant cette même dose d'air, la machine s'élèvera; mais, pour éviter le mélange d'air et de gaz, il faut que l'air ait, dans l'enveloppe totale, un espace réservé. Une machine fut établie à Saint-Cloud, par M. Robert, sur les principes de Meusnier et, si l'ascension manqua, cela doit être attribué à des causes accidentelles.

Tel était donc l'état de la question en 1785, du temps même de Lavoisier.

La direction des ballons. — Par l'invention des ballons, l'homme avait conquis le domaine des airs. Mais il n'est pas encore maître absolu de sa conquête ; car, s'il lui est possible de s'élever et de descendre à volonté, il ne peut pas encore se diriger dans l'atmosphère. Cette question se débat très-vivement de nos jours, soit par le ballon, soit par l'invention d'un aéronef plus lourd que l'air qui rapprocherait plus ou moins directement l'homme de l'oiseau. Mais aucune solution n'a été donnée dans un sens ou dans l'autre. Nous dirons plus : le procédé qui a fixé le plus, ces temps-ci, l'attention des savants est dérivé du principe de Meusnier. On comprend que la direction des ballons, ou la navigation aérienne par une méthode quelconque, devait solliciter toutes les imaginations durant le siége, car les ballons pouvaient quitter Paris, mais non y revenir. Sans les pigeons, que serions-nous devenus ?

L'Académie des sciences et les comités scientifiques ont été assaillis de projets de navigation
aérienne, ballons et systèmes plus lourds que l'air.
Les auteurs présentaient des mémoires très-dé-
taillés, des dessins très-complets et force calculs
à l'appui de leurs théories ; mais nul n'avait tenté
la moindre réalisation, la plus petite expérience ;
le vœu de chacun était d'obtenir une somme, laquelle ne laissait pas d'être importante, pour exécuter leur projet. La commission nommée *ad
hoc* par l'Académie des sciences refusa nettement
toute espèce de rapport ; nos comités ne pouvant
donner d'argent pour essayer quelques expériences, et le temps, du reste, ne devant permettre
aucune réalisation durant le siége, nous ne pou-
vions rien pour la question. En outre, aussi, nous
n'avons reçu aucun projet qui s'impose à l'esprit
par son caractère de possibilité. Tous laissaient
l'imagination dans le vague le plus absolu ; nous
ne parlons pas, bien entendu, des nombreuses
insanités qui pleuvaient par masses. L'Académie,
cependant, crut devoir encourager un de ses mem-

bres, M. Dupuy de Lôme, si connu par ses travaux de génie maritime, à construire le ballon
dirigeable qu'il imagina alors. Le gouvernement
vota 40,000 francs pour l'exécution du projet.

La théorie de l'honorable académicien a été
très-discutée, mais il faut attendre, pour la juger
en dernier ressort, qu'elle ait reçu l'exécution
qu'elle attend encore. De prime abord, le ballon
de M. Dupuy de Lôme ne diffère guère des systèmes que nous avons vu proposer si souvent.
C'est un œuf allongé dont les axes auraient 40
mètres et 14 mètres. La nacelle a la forme d'une
grande corbeille ovale munie de deux branches
rigides dirigées suivant le grand diamètre et dont
les extrémités sont écartées de 50 mètres. Des
haubans fixés à ces deux branches suspendent la
nacelle à 15 ou 20 mètres au-dessous du ballon.
A l'arrière, une voile triangulaire, ou *foc*, que
l'on peut orienter au moyen d'une petite vergue
et de cordages, tient lieu de gouvernail et permet
d'éviter les embardées.

Pour monter et descendre sans perdre ni gaz ni lest, l'auteur revient au système de Meusnier, c'est-à-dire à la vessie natatoire logée dans le ballon à la partie inférieure et remplie d'air. Une pompe atmosphérique y comprime l'air à volonté, ce qui alourdit l'aérostat et le fait descendre. De cette manière, on aura un ballon dont la surface sera toujours tendue, la pression intérieure étant à peu près fixe. L'aérostat embarque un locomoteur qui est l'hélice ordinaire mise en fonction à bras d'homme et tournant follement sur un axe horizontal. La direction obtenue par le ballon est la résultante de deux forces, celle du vent et celle du moteur. Si les deux forces étaient égales, l'angle d'écart serait 45 degrés; en cherchant à combiner ces deux forces, on trouverait à se diriger. — M. Dupuy de Lôme a donné les éléments numériques de la question qui permettent d'établir la vitesse à fournir au moteur par rapport à celle du vent pour s'orienter avec une vitesse déterminée dans une direction également déterminée.

6

M. Giffard avait expérimenté une méthode
analogue sur un ballon plus allongé et plus droit
que celui de M. Dupuy de Lôme, en substituant
à la force humaine celle d'un moteur de trois chevaux. L'habile ingénieur ne put obtenir de direction et il renonça à son invention.

Attendons la réalisation du nouveau ballon dirigeable qui aura, en tous cas, pour résultat de
fixer définitivement les esprits sur la valeur ab-
solue du théorème de mécanique qui se trouve
mis en jeu et qui a occupé tant d'esprits ingé-
nieux.

Si nous revenons aux ballons, tels qu'ils ont
servi pendant le siége, en quoi diffèrent-ils de
ceux de 1795 ? Le gaz reste le même. On n'a pu
trouver mieux que le gaz engendré par la distil-
lation de la houille.

L'enveloppe est toujours la soie vernissée ;
mais, grâce à M. Godard, qui a trouvé un vernis
aussi imperméable que possible, le ballon peut
résister à l'endosmose pendant plusieurs jours ;
il l'a prouvé avec un ballon captif qui tenait en-

core l'atmosphère au bout de huit jours. C'est grâce à ce grand perfectionnement que l'on dut les longs voyages qu'ont fait quelques aérostats pendant la campagne.

Quant à la direction, nous venons d'établir l'état de la question.

Construction des ballons-poste. Formation du personnel. — La construction des ballons et la formation de l'équipe d'aéronautes furent l'objet d'une étude très-sérieuse. Pouvait-on, en effet, se fier aux aéronautes de fantaisie que le public parisien est habitué à voir sillonner les airs, poussés par des besoins de réclame déguisés sous des prétextes quelconques. La voie des airs restait la seule libre pour permettre à Paris assiégé de correspondre avec la province ; il fallait, pour l'utiliser, des hommes à la fois sérieux et dévoués. Le corps de la marine, qui s'est illustré à jamais dans la défense de Paris, a également bien mérité de la patrie en fournissant au montage des ballons des aéronautes habiles, sûrs, prudents et bientôt supérieurs en matière d'aérostation à tous les fantaisistes du jour.

Se fiant, à juste titre, aux lumières de MM. Godard, le gouvernement de la défense nationale leur avait demandé, non-seulement de se charger de la construction des ballons, mais aussi de constituer une équipe avec le corps de la marine.

MM. Godard installèrent la fabrication de leurs ballons à la gare d'Orléans. Là, aussi, ils établirent une école d'aérostatique à l'usage des marins que le gouvernement mettait à leur disposition. Chaque soir, un cours pratique, professé par un des frères Godard, les initiait au voyage aéronautique. Dans le jour, les marins étaient employés à la confection des filets. La défense de Paris dut beaucoup au courage, à l'abnégation, à la patience, au travail de ces braves enfants de la mer. En quelques mots, nous pouvons indiquer quelle fut la distribution du travail des aérostats dans la gare d'Orléans.

Dans un coin, se trouvaient refoulés les wagons inutiles. — Les barres traversières de cette belle voûte de fer supportaient les fuseaux qui devaient

Fig. 1

se rejoindre pour former ces énormes ballons.
Dans les salles d'attente, étaient formés les ate-

ι.

liers de femmes préposées à coudre ces fuseaux, puis à les rejoindre, après que, dans un atelier voisin, des ouvriers les avaient enduits d'un vernis imperméable dû à MM. Godard. Le ballon rassemblé est déployé dans la gare, l'ouverture plongeant dans la cave subjacente, où une machine à air gonfle l'aérostat de façon à vérifier s'il offre des fuites. Une fois vérifié, le ballon est inscrit, ses accessoires sont appareillés (soupape, nacelle, lest, ancre, etc.); et il n'a plus qu'à attendre l'heure du départ.

Le moment arrivé, le globe immense est vidé d'air, puis conduit en avant de la gare, où on le remplit du gaz hydro-carboné. Puis l'ascension a lieu.

Le dessin (*fig.* 1) que nous reproduisons représente l'ensemble des péripéties qui accompagnent l'ascension. — Là, on voit le ballon en cours de gonflement; on apporte la nacelle, le lest. Pendant ce temps, les aéronautes prennent tous les renseignements que doivent leur communiquer les membres du gouvernement et l'administra-

tion des postes; leurs amis leur adressent leurs
adieux et les commissions particulières pour les
chers absents. Enfin, l'instant solennel est arrivé : les voyageurs se casent dans la nacelle;
voilà le brave marin suspendu aux cordages, et
qui a employé son temps à *parer tout*, à *essayer
le vent;* il est aussi solide dans son navire aérien
que sur le pont de son vaisseau accoutumé. L'air
ou la mer, que lui importe? Il connaît ces deux
éléments et il les aime également. Il donne le si-
gnal du départ, et voilà le ballon parti. « *Alea
iacta est.* »

Les aéronautes condamnés à mort. — Nos ennemis commencèrent par rire très-fort des pre-
mières tentatives de poste aérienne; ils traitèrent
ce projet de folie. Mais, quand cette folie fut cou-
ronnée de succès, les Allemands tirèrent sur les
aérostats. C'était leur droit; leur droit aussi d'opposer leurs faucons à nos pigeons-voyageurs. Mais,
lorsque le service de la *poste aérostatique* acquit
son admirable régularité, M. de Bismark en conçut

une telle rage qu'il ne recula pas devant un nouveau titre à acquérir au mépris universel. L'éminent ministre de l'empereur-roi décréta la peine de mort contre tout aéronaute pris en flagrant délit de dévouement à la patrie. M. de Bismark ne se contentait pas de bloquer Paris, il frappait d'interdit l'air lui-même; un peu plus il aurait défendu à l'atmosphère de se renouveler dans le réseau parisien. C'est toujours Darius jetant des fers à l'Hellespont. Nos aéronautes, ces braves marins, rirent beaucoup de la menace de M. de Bismark; et, après quelques départs de nuit, ils en revinrent eux-mêmes à préférer partir de jour; ils trouvaient plus de plaisir à contempler les colères prussiennes qu'à les éviter.

Le 22 décembre, une éclipse solaire totale devait être visible à Oran. Les savants de l'Europe (à l'exception des Allemands occupés à collaborer à la ruine de la France) s'étaient donné rendez-vous en cette station, jugée par tous comme étant la plus favorable. Tous comptaient sur la collaboration de M. Janssen, dont la réputation est

montée si haut par ses beaux travaux spectrosco-
piques lors de l'éclipse de 1867. Mais, comment se
transporter de Paris à Oran? M. Janssen, patriote
ardent, ne pouvait endurer d'aller demander un
sauf-conduit à celui qui condamnait les aéronautes à mort. Il y va de la vie en montant en
ballon, et cette fois doublement; eh bien, il faut
choisir la voie des airs; ce sera une honte de plus
pour l'Allemagne si le savant, qui va remplir
sa mission au risque de sa vie, tombe sous une
balle allemande. L'Académie des sciences tint à
protester énergiquement, dans le cas échéant où
M. Janssen, capturé par les Allemands, eût été
condamné à mort; elle recommanda le décret de
M. de Bismark à l'indignation de toute nation
civilisée.

États de services de la poste-ballons. — La dernière expédition régulière des correspondances
date du 19 septembre; durant quelques jours
encore, quelques hardis employés osèrent franchir les lignes pour porter des lettres et en rap-

porter : un d'entre eux, nommé Létoile, risqua,
est-il dit, sept fois sa vie, aller et retour. Mais
l'administration des postes se voyait contrainte à
cesser tout service tant par terre que par eau; il
restait donc l'air.

Immédiatement M. Rampont, directeur des
postes, s'occupa des ballons. C'est Nadar qui
eut la primeur de la poste aérienne; son ballon
le Neptune était installé depuis le commencement de septembre, à la place Saint-Pierre, à
Montmartre, où il servait à des observations
militaires; nous nous rappelons bien l'avoir vu,
pendant plusieurs jours, s'élever et descendre à
rapides intervalles, ou rester des heures entières
à l'état d'observatoire aérien. M. Rampont l'acheta
pour le compte de l'administration, et, le 25 septembre, à sept heures quarante-cinq minutes du
matin, *le Neptune* partait, sous la conduite de
l'aéronaute Durnof, emportant 105 kilogrammes
de lettres. *Le Neptune* tomba à Évreux. M. Rampont s'était aussi adressé à M. Mangin, également possesseur d'un ballon, cet aéronaute de-

vait partir dès le 21 de l'usine de Vaugirard. Mais
son aérostat était vieux, il nécessitait de grandes
réparations; il ne put donc partir que plus tard.
Le 25, à onze heures du matin, l'administration
des travaux publics expédia M. Lutz montant *la
Cità-di-Firenze*, sous la conduite de M. Mangin ;
il emportait 104 kilogrammes de dépêches. Ce
ballon, qui inspirait quelques inquiétudes, tint
très-convenablement l'air et fit un trajet de trois
heures et demie pour atterrir à Vernouillet. M. Mangin emportait les premiers pigeons-voyageurs,
dont l'un revint le même jour à Paris donner
des nouvelles du ballon, de leurs passagers et
de la mission qu'il fallait accomplir. L'impul-
sion était donnée. La voie des airs était exploi-
table ; il ne s'agissait plus que de trouver un
directeur de service énergique, zélé et actif.
M. Eugène Godard était l'homme désirable; nous
avons esquissé l'organisation de son service à la
gare d'Orléans. M. Nadar, pendant toute une période du siége, installa aussi un service au jardin
des Tuileries, avec l'aide de MM. Yon et Dartois.

Voici dans quelles conditions devaient être fournis les ballons-poste.

Les ballons devaient être de la capacité de 2,000 mètres cubes, en percaline, de première qualité, vernie à l'huile de lin, munis d'un filet en corde de chanvre goudronnée, d'une nacelle pouvant recevoir quatre personnes et de tous les apparaux nécessaires : soupape, ancres, sacs de lest, etc.

Les ballons devaient supporter l'expérience suivante : remplis de gaz, ils devaient demeurer pendant dix heures suspendus, et, après ce temps d'épreuve, soulever encore un poids de 500 kilogrammes. Les dates de livraison étaient échelonnées à époque fixe ; 50 francs d'amende étaient infligés aux constructeurs pour chaque jour de retard. Le prix d'un ballon remplissant ces conditions était de 4,000 francs, dont 500 francs pour l'aéronaute que procurait le constructeur. Le gaz était à part. C'est ce prix qui a été primitivement payé par la direction générale des postes, au comptant, aussitôt l'ascension effectuée, le ballon hors de vue. Il a été réduit postérieurement à 3,500 francs, plus 500 francs, dont 300 francs pour le gaz et 200 francs pour l'aéronaute. A ces frais, il faut ajouter des sommes pour valeur d'accessoires, dont le montant a varié de 300 francs à 600 francs par ascension.

Par un décret du 26 septembre, le gouvernement, désireux d'activer autant que possible le service de la correspondance, avait autorisé l'emploi de *cartes-poste*. La direction des postes avait passé un contrat avec M. Godard pour la construction de petits ballons en papier double huilé de 6 à 7 mètres de diamètre, garnis d'un filet et d'une nacelle et pouvant supporter, après sept heures de remplissage de gaz d'éclairage, un poids net de 50 kilogrammes. Le prix net de ces ballons était de 150 francs, tous frais compris, et payés aussitôt après l'ascension. Mais la diminution croissante du poids des lettres à confier aux ballons montés, par suite de l'avis que la préférence serait accordée aux lettres les plus légères, permit de renoncer à ce mode d'expédition, qui était évidemment des plus hasardeux. Aussi, les cartes-poste recueillies depuis ont-elles été transmises par les ballons montés.

En septembre, comme voyages d'essai, nous trouvons encore l'ascension du ballon *les États-Unis*, le 29 à dix heures du matin; le départ eut lieu de la Villette. C'était un triple ballon formé de deux vieux ballons d'inégale dimension, reliés ensemble par des perches et soutenus par un troisième petit ballon. M. Louis Godard conduisait ce système anormal qui descendit à Mantes avec 58 kilogrammes de dépêches.

Le 50 septembre, *le Céleste* partait avec M. Tissandier.

A partir du 7 octobre, le service devint régulier. M. Hervé-Mangon surveillait les départs sous le rapport de la direction et de la force des vents.

Le service régulier, effectué pendant toute la période du siége, comprend l'expédition de CINQUANTE-QUATRE BALLONS, *emportant deux millions cinq cent mille lettres, représentant un poids total de* 10,000 *kilogrammes*. Voici le résumé chronologique de ces voyages; il nous paraît intéressant à consigner.

Le 7 octobre, départ de *l'Armand-Barbès;* il emporte M. Gambetta et les premiers pigeons de l'administration : parti à onze heures quinze minutes de la place Saint-Pierre, il est arrivé à *Épineuse* à trois heures trente minutes. On se rappelle les circonstances critiques de la descente qui faillirent livrer M. Gambetta aux Prussiens. Le même jour partait *le Georges-Sand.*

12 octobre, départ de deux ballons, *Washington* et *Louis-Blanc*, avec lettres et M. Trachet, propriétaire de pigeons.

14 octobre, *le Godefroy-Cavaignac,* conduit par M. Godard père, emmenait M. de Kératry et ses deux secrétaires. Il atterrit à Crillon, près Bar-le-Duc. Le même jour *le Guillaume-Tell* emmenait M. Ranc.

16 octobre, départ du *Jules-Favre.*

18 octobre, départ du *Victor-Hugo.*

19 octobre, départ du *Lafayette* emmenant M. A. Dubost.

23 octobre, départ du *Garibaldi* emmenant M. Jouvencel.

25 octobre, départ du *Montgolfier*.

27 octobre, départ du *Vauban* qui tomba près de Verdun, dans les lignes prussiennes; les aéronautes ont pu fuir.

29 octobre, départ du *Général-Charras*.

2 novembre, départ du *Fulton*.

4 novembre, départ du *Flocon* et du *Galilée*, lequel fut capturé; les aéronautes furent conduits dans une forteresse allemande.

6 novembre, départ du *Châteaudun*.

8 novembre, départ de *la Gironde*.

12 novembre, départ du *Daguerre*, ce ballon fut aussi capturé par les assiégeants.
Le Niepce, parti le même jour, eut un sort plus heureux.

18 novembre, départ du *Général-Uhrich*.

21 novembre, départ de *l'Archimède*, dont la descente s'effectua en Hollande.

24 novembre, départ de *la Ville-d'Orléans*,

qui atterrit en Norwége; chacun a dû s'in-
téresser au récit si émouvant de cette course
aérienne fantastique.

28 novembre, départ du *Jacquard*.

30 novembre, départ du *Jules-Favre*, deuxième
du nom, qui paraît s'être perdu en mer.

5 décembre, départ du *Francklin*.

7 décembre, départ du *Denis-Papin*.

11 décembre, départ du *Général-Renaut*.

15 décembre, départ de *la Ville-de-Paris*. Ce
ballon, monté par M. Delamarre, est tombé
dans le Nassau ; l'aéronaute a publié le récit
de son voyage chez les Allemands.

17 décembre, départs du *Parmentier* et du
Gutenberg.

18 décembre, départ du *Davy*.

20 décembre, départ du *Général-Chanzy*.

22 décembre, départ du *Lavoisier*.

23 décembre, départ de *la Délivrance*.

27 décembre, départ du *Tourville*.

29 décembre, départ du *Bayard*.

31 décembre, départ de *l'Armée-de-la-Loire*.

7.

4 janvier 1871, départ du *Newton*.

9 janvier, départ du *Duquesne*.

10 janvier, départ du *Gambetta*.

11 janvier, départ du *Képler*.

13 janvier, départ du *Faidherbe*.

15 janvier, départ du *Vaucanson*.

18 janvier, départ de *la Poste-de-Paris*.

20 janvier, départ du *Bourbaki*.

22 janvier, départ du *Daumesnil*.

24 janvier, départ du *Torricelli*.

27 janvier, départ du *Richard-Wallace*.

28 janvier, départ du *Général-Cambronne*.

En tenant compte des lieux de départ de ces ballons qui se sont suivis si régulièrement, nous trouvons que :

26 départs ont eu lieu de la gare d'Orléans.

16 — de la gare du Nord.

5 — de la place Saint-Pierre à Montmartre.

2 — des Tuileries.

2 — de la barrière d'Italie.

1 — de l'usine de Vaugirard.

1 — de la Villette.

Parmi les départs non officiels nous citerons en outre :

Le 17 octobre, *la Liberté*, devant être monté par M. de Fonvielle, qui a été enlevé par le vent, avant d'être monté.

Le 25 novembre, *l'Égalité* monté par M. de Fonvielle.

Le 1ᵉʳ décembre, *le Volta* qui emporta M. Janssen et atterrit à Saint-Nazaire. Ce savant parvint à Oran pour le 22 décembre ; il fut complimenté par ses confrères étrangers de son noble courage ; malheureusement le temps resta couvert tout le jour et l'éclipse solaire totale de 1870 ne put être observée.

Il est intéressant de constater les ressources de la Compagnie du gaz au moment du blocus.

Au 1ᵉʳ septembre 1870, la Compagnie possédait 72,861,581 kilogrammes de houille en ma

gasin et en attendait 26,668,970, dont une moitié
put arriver. Elle pouvait répondre du gaz pendant deux mois. Jusqu'en novembre, l'usage du
gaz demeura libre ; on le restreint ensuite de
moitié dans les rues. Fin novembre, la Compagnie
possédait encore 11,500,000 kilogrammes de
houille, représentant 3,369,500 mètres cubes de
gaz : ce fut alors qu'on dut garder le gaz pour les
ballons qui en consommaient 2000 mètres cubes
par jour ; en outre, la fabrication des engins de
défense en nécessitait 15,000 mètres cubes par
jour. Grâce aux mesures radicales qui furent prises,
la Compagnie put fournir à la préparation du
gaz nécessaire à maintenir les conduits en charge,
afin d'éviter leur endommagement.

Le service du gaz aurait pu être repris plus tôt
que la mi-mars, mais la Compagnie devait attendre
que la ligne du Nord fût rendue libre.

Il faut savoir que les douze usines à gaz de
Paris consomment 30,000 tonnes de houille par
jour. Or au 27 février on n'avait en magasin
que la houille pour 4 à 5 jours consécutifs : pou-

vait-on risquer de revenir au pétrole? Le gaz reparut le 3 mars dans les rues de Paris, immédiatement après que les Prussiens eurent évacué Passy et le quartier des Champs-Élysées, qu'ils occupèrent durant 48 heures.

Le retour des dépêches à Paris. — Retour des ballons. — Paris avait donc organisé d'une façon vraiment digne de tout éloge sa correspondance avec l'extérieur. Mais ce n'était que la moitié du problème qui se trouvait résolue ; il fallait maintenant que la province pût écrire à Paris assiégé et bloqué.

Tout d'abord, les Parisiens pensaient que les ballons nous reviendraient ; il suffisait, en effet, selon la plupart, de choisir un vent favorable. Quelques ascensionistes avaient même annoncé leur retour ; et nous voyons un projet entièrement formulé de cette façon : « On va envoyer des ballons à Orléans, à Chartres, à Meridon, à Évreux, à Dreux, à Rouen, à Amiens ; chaque aéronaute, muni d'une bonne boussole, observera les nuages sur une

glace horizontale et partira quand le vent sera
favorable. Il aurait suffi, alors, de gonfler le ballon, d'écrire à Tours pour avoir les dépêches, et
de partir...» Admettons que le vent attende tous
ces apprêts et que le ballon parte, qu'en adviendra-t-il ? Le vent varie de direction avec la hauteur : l'aérostat aurait-il gardé constamment la
zone atmosphérique propice à l'arrivée à Paris ?
Le vent, en outre, n'aurait-il pas changé ?
les partisans du retour en ballon ont toujours
douté d'avoir le vent propice. Admettons le ballon
arrivé au-dessus de nos lignes ; il eût fallu un
calme atmosphériqne presque parfait pour que
l'aérostat pût choisir son lieu de descente et
effectuer cette opération qui est la seule phase
dangereuse du voyage aérien. Avec un vent,
même léger, l'aéronaute n'a pas le temps d'effectuer son atterrissement, les terrains vides de Paris et de sa ligne d'investissement ne présentant
pas une suffisante étendue ; si le vent est violent,
l'aérostat est chassé, ou il est exposé à une traînée
périlleuse ; une fausse manœuvre l'expose en outre

à chaque instant au tir que les Prussiens avaient immédiatement organisé à l'aide de fusils spéciaux.

Les flotteurs. — Le retour des ballons était donc une utopie. Nous avons dit qu'il eût été possible de tenter la communication par voie de ligne té-légraphique sub-fluviale. On avait également espéré abandonner au cours du fleuve des flotteurs creux chargés de dépêches ; ces flotteurs auraient été de petites balles cylindro-coniques calculées en diamètre de manière à pouvoir traverser les mailles des filets que les Allemands ont dû tendre. Des dépêches sont-elles parvenues par cette voie? C'est ce que nous ignorons, mais c'est possible.

Les pigeons. — Ce sont les pigeons qui ont sauvé Paris de la mort morale que pouvait déter-miner l'absence complète de nouvelles. Se rappelle-t-on combien on tressaillait de joie à ce simple énoncé : « Un pigeon vient d'arriver. » De com-bien de caresses aurait-on voulu couvrir ce char-mant facteur emplumé qui, bravant les intempéries de l'air et les balles ennemies, rapportait fidèlement les dépêches si précieuses contenues dans le tube d'une de ses plumes.

Nous nous rappelons le colombier de M. E. Cassiers. Le propriétaire, dresseur des pigeons, vient de recevoir un nouvel arrivé, il a recueilli la précieuse dépêche, contrôlé le timbre français, et le brave et fidèle messager peut enfin reprendre ses aises, et goûter le repos qu'il a si bien gagné. Nous laissons aux naturalistes le soin de renseigner les Parisiens sur l'histoire naturelle de nos voyageurs, sur leur mode d'éducation, etc.; il ne nous appartient d'en parler qu'en qualité de facteurs aériens complétant, par la phase du retour, le régime complet de la poste aérienne pendant le siége.

Ces souvenirs resteront toujours dans l'esprit des assiégés de Paris en 1870 : les pigeons de Paris auront bien mieux mérité de la patrie que les oies du Capitole.

Mais les quelques dépêches manuscrites que les pigeons apportaient à Paris devenaient trop peu

nombreuses en raison de l'investissement de plus
en plus complet et de l'importance croissante des
événements. La photographie s'allia à l'aérostation, et ces deux créations de la science, d'origine
toute française, s'unirent pour faire échec à la
barbarie allemande qui, elle, ne connut, en fait
de science, que celle qui importe à la destruction.

Dépêches microscopiques. — *La photographie
microscopique* a été très-répandue pendant quelques années grâce à ces bijoux connus sous le nom
de *stanhopes*, que M. Dagron mit si fort à la mode.
On se rappelle ces bagues, cachets ou épingles qui
permettent si aisément de porter constamment sur
soi les plus précieux souvenirs à l'état de photo-
graphies inaccessibles à tout œil indiscret. En appliquant l'œil à un objectif imperceptible caché
dans une moulure du bijou, on aperçoit une
épreuve photographique de grande dimension.
C'est cette application de la photographie, genre
exclusivement de fantaisie, qui a inspiré le pro-

cédé le plus rationnel pour l'organisation du service des réponses pour Paris. Il était trop évident
que jamais on n'aurait eu assez de pigeons pour
porter même les dépêches du gouvernement, quelque restreintes et peu nombreuses qu'elles pussent être, et de quelque finesse que fût le papier
pelure employé. On demanda avis aux savants, et
immédiatement on pensa à la photographie microscopique. Écrivez votre réponse et faites-la poser
en pleine et bonne lumière devant un oculaire de
microscope; remplacez l'objectif de l'instrument
par un écran de collodion sensibilisé; il se produira
l'inverse du travail ordinaire du microscope;
l'image de l'objet ira se manifester en réduction,
facile à calculer, d'après la position des verres,
sur l'écran collodionné. Imaginez que l'on case
ainsi 100, 200, 300 dépêches à côté l'une de
l'autre, on pourra ensuite rouler la feuille de
collodion pour la glisser dans le tuyau de la plume
porte-dépêches, on préparera une seconde feuille,
et le même pigeon pourra rapporter aisément,
sans fatigue, 2,000 à 3.000 dépêches.

L'appareil représenté (fig. 2) indique un procédé opératoire très-simple, imaginé par M. J. Duboscq. On place la glace collodionnée et sensi bilisée dans un cadre rectangulaire, qui peut être

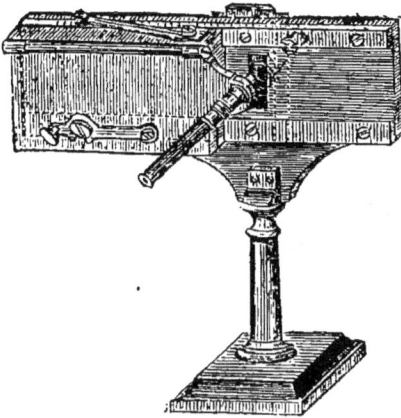

Fig. 2.

animé d'un mouvement horizontal. Au côté opposé au cadre se trouve un objectif combiné, à deux verres, qui peut être animé d'un mouvement vertical de haut en bas; on regarde de l'autre côté du même cadre par un microscope composé, muni d'un micromètre consistant en 5 millimètres divisés en cinquante parties.

Pour opérer, on place le sujet à reproduire à

distance convenable. L'objectif et le microscope correspondant exactement, on peut regarder dans le microscope l'image qui vient se peindre sur les lignes du micromètre. Or le plan de la glace sensibilisée contenue dans le cadre est exactement le même que celui du micromètre; de sorte que, si l'on met l'image au foyer par rapport aux lignes du micromètre, elle le sera aussi par rapport à la glace. Cette opération terminée, il ne s'agit plus que de faire glisser le cadre qui porte la glace, de manière à ce que l'objectif vienne occuper toutes les positions correspondant au mouvement horizontal que le cadre peut exécuter. On élève ensuite l'objectif d'une division de son mouvement vertical, et l'on fait revenir le cadre horizontalement. C'est à M. Dagron[1] que fut confié le service de l'exécution des dépêches microscopiques; cet artiste gagna Tours en ballon, et c'est depuis que furent organisées les *dépêches-réponses par oui et par non*. Les Parisiens se rappellent encore qu'il leur

---

[1] Voir la curieuse brochure de M. Dagron : *la Poste par pigeons voyageurs*.

fallait, dans leur lettre (lettre ordinaire, par ballon monté) consigner à leurs correspondants *quatre* questions dont ils gardaient l'ordre de numérotage. Puis, ils recevaient de l'administration un bulletin portant les numéros, et en vis-à-vis, les mots *oui* ou *non*.

Le travail microscopique consignait sur le collodion les adresses et les numéros par ordre, et les *oui* et *non* en regard.

Une fois les pigeons arrivés à bon port, à leur colombier, les tuyaux détachés étaient portés à l'administration des télégraphes, où se trouvait établi le service complémentaire. Il s'agissait actuellement d'amplifier les inscriptions microscopiques, pour les copier et expédier les copies aux destinataires. Le dessin (fig. 5) représente une de ces intéressantes séances. On a fait l'obscurité dans une chambre ; un écran blanc est disposé pour recevoir les images amplifiées. Un bureau, placé devant, est destiné aux copistes : des membres du gouvernement assistent à l'opération. En avant, face à l'écran, est l'appareil « *microscope photo-élec-*

8.

trique » de M. J. Duboscq. Les feuilles de collo-

Fig. 5.

dion disposées dans des supports convenables sont

placées devant l'objectif et les images vont se projeter sur l'écran qui fait office de la rétine de l'œil
que l'on applique à l'oculaire du microscope.

Pour ceux de nos lecteurs qui désireraient se

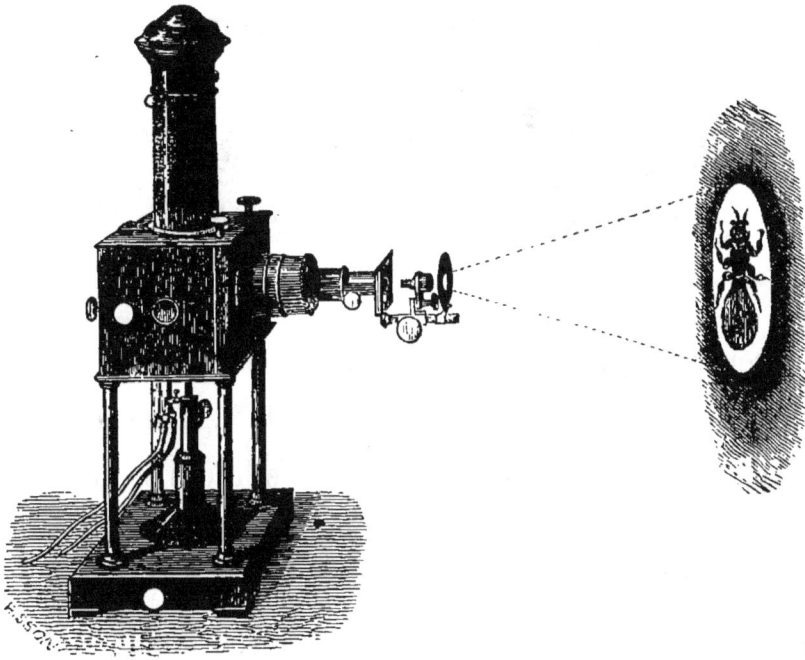

Fig. 4.

rendre compte du jeu des rayons de lumière à
travers les verres du microscope, nous ajoutons
quelques lignes, avec figure à l'appui (figures 4
et 5).

La lanterne, que l'on voit sur le socle, contient l'appareil « *lampe électrique* » qui fournit, en B, l'arc lumineux. Les rayons émis traversent un système lenticulaire C, dont l'effet est de les concen-

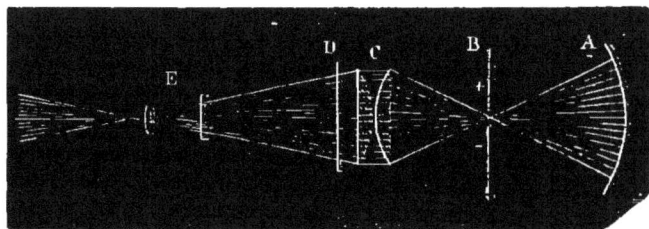

Fig. 5.

trer très-vivement sur l'objet situé en D. Celui-ci, placé en avant du foyer principal du système lenticulaire E, fournira une image réelle qui se produira sur l'écran, et la grandeur de cette image dépendra de la distance de l'objet D au système lenticulaire E. Quel que soit, du reste, l'appareil amplificateur employé, le principe reste le même : c'est, comme on le voit, celui de la *lanterne magique*.

Nous verrons plus loin comment on produit la lumière électrique indispensable à l'opération,

surtout à cette époque du siége, l'hiver, où le soleil, qui pouvait la suppléer, était avare de ses
rayons.

Ajoutons que M. J. Duboscq fut invité à exécuter
cette opération devant la commission venue de
Londres pour le « *cadeau de ravitaillement.* »
Nos amis actuels furent émerveillés de l'intelligence qui avait présidé à l'organisation de la correspondance pendant le siége de Paris. Leurs dis-
positions étaient bien changées depuis le commencement de cette guerre, qu'ils regrettent autant
maintenant qu'ils l'acclamaient à l'origine.

On opérait de deux manières : 1° simple projection sur l'écran blanc et copie des images projetées; — 2° projection sur collodion, et application de ces nouvelles feuilles sur un papier noir.
— La seconde méthode a été préférée dans les cas
où il paraissait intéressant de constater plus nettement l'identité de la correspondance.

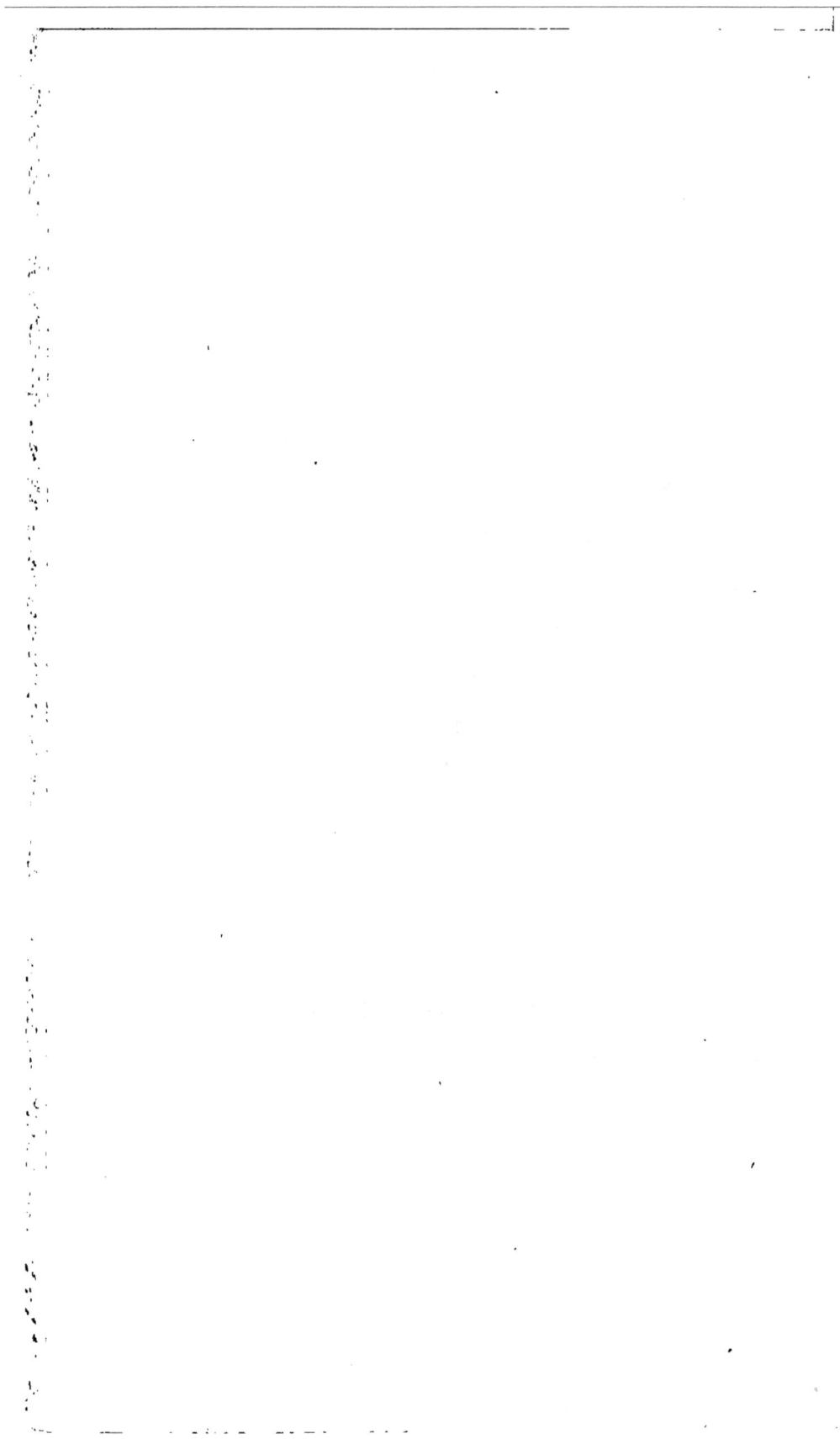

CHAPITRE IV

LES NOUVELLES POUDRES.

Ce chapitre est consacré à des renseignements utiles à connaître pour se faire une idée exacte des poudres nouvelles sur lesquelles l'imagination publique s'est trop souvent égarée. Ces données générales prouveront aussi que nous, Français, nous étions tout aussi avancés que les Allemands sur la composition et la puissance de ces poudres énergiques et que, par conséquent, l'administration militaire n'a rien à reprocher à la science française. Nous empruntons les détails suivants à un très-remarquable travail dû à l'éminent chimiste, M. Berthelot. Le savant professeur du Collége de France ne pouvait mieux employer la période du siége qu'à étudier les puissances balistiques et effectives des diverses poudres que l'art militaire puisse invoquer.

Pour définir la force d'une matière explosive, quatre données sont nécessaires, savoir : la composition chimique de la matière explosive; la composition des produits de l'explosion ; le volume des gaz formés; la quantité de chaleur dégagée dans la réaction.

Les différentes poudres qui ont paru dignes d'intérêt sont les suivantes :

Poudres au nitrate de potasse,

Poudres au nitrate de soude ;

Poudres au chlorate de potasse ;

Le chlorure d'azote ;

La nitro-glycérine ;

La dynamite ;

Le pyroxyle ;

Le picrate de potasse.

Poudres au nitrate de potasse. — Leur composition est très-variable; mais, en négligeant les produits accessoires de l'explosion, on peut dire que 1 kilogramme de poudre, en brûlant complétement sous la pression atmosphérique, dégage 644,000 calories[1] et donne naissance à 216 litres de gaz permanents. 1 kilogramme de poudre, brûlant dans une capacité égale à 1 litre, développerait une pression de 65,500 atmosphères.

Pour la poudre de guerre, les nombres diffèrent peu de ceux relatifs à la poudre de chasse; c'est-à-dire que les deux poudres, brûlées dans une même capacité constante, développeraient les mêmes pressions et pourraient donner lieu au même travail. Leur différence d'effets dans les armes semble due au mode de propagation de la combustion, moins rapide dans la poudre de chasse à cause de sa constitution physique. La poudre de mine renferme un excès de soufre et de charbon par rapport au même poids de nitre.

---

[1] On nomme calorie la chaleur nécessaire pour élever de 1 degré centigrade, la température de 1 gramme d'eau.

9

1 kilogramme, brûlant dans un espace de 1 litre, développerait 101,000 atmosphères[1] et dégagerait 6,300,000 calories.

Considérons une poudre brûlant dans un espace qu'elle remplit entièrement, comme il arrive dans les mines et dans les projectiles. On distinguera deux classes de phénomènes : ceux de *dislocation* et de *projection*. D'après les nombres indiqués, la poudre avec excès de charbon serait plus efficace au point de vue de la dislocation (101,000 atmosphères au lieu de 63 à 65,000). Mais si l'on calcule le travail mécanique produit, on trouve que, sous ce point de vue, les poudres de chasse et de guerre sont supérieures à celles de mine avec excès de charbon.

Poudres au nitrate de soude. — Le nitrate de soude a été employé en grand, et avec succès, à la fabrication des poudres, notamment dans le cours des travaux de l'isthme de Suez; l'emploi de ce

---

[1] On compte par *atmosphère* la pression moyenne de 760 millimètres de mercure, soit $1^k,033$ par centimètre carré de surface.

sel présente une économie notable. Malheureusement ce nitrate est très-hygroscopique, ce qui nuit à la conservation du produit. Il y aurait cependant intérêt à employer ces poudres.

La poudre à l'azotate de soude dégage, à équivalents égaux, une quantité de chaleur un peu supérieure à celle à base d'azotate de potasse, 647,000 calories au lieu de 633,000, et elle fournit le même volume de gaz. 1 kilogramme de poudre à base de soude, brûlé dans une capacité de 1 litre, développera une pression de 85,800 atmosphères en dégageant une chaleur de 96,000,000 calories. Or ces nombres sont plus élevés d'un tiers environ que ceux calculés pour un même poids de poudre à base de potasse.

Poudre au chlorate de potasse. — On la fabriquait autrefois en suivant ces proportions :

Chlorate	75
Soufre	12,5
Charbon	12,5

Cette poudre est éminemment brisante; sa préparation a donné lieu à de terribles accidents. 1 kilogramme de cette poudre dégagera 97,200 calories, et fournira 518 litres de gaz, mesurés à 0° et à 760^{mm}. Brûlé dans un espace de 1 litre, il développera une pression de 146,400 atmosphères. Cette poudre produira donc des effets de dislocation et de projection plus considérables que les poudres aux nitrates. L'extrême facilité avec laquelle détone la poudre au chlorate de potasse, sous l'influence du moindre choc, est une conséquence de la grande quantité de chaleur dégagée par les parcelles enflammées tout d'abord : cette chaleur élève la température des parties voisines, davantage avec la poudre au chlorate qu'avec celle au nitrate.

Chlorure d'azote. — Si nous en parlons, c'est que cet élément si explosif se produit dans certaines déflagrations. 1 kilogramme de chlorure d'azote développerait, dans un espace de 1 litre, une pression de 65,000 atmosphères et une température de 477,000 degrés.

Nitro-glycérine. — La nitro-glycérine est réputée la plus énergique des substances explosives. Elle disloque les montagnes, elle déchire et brise le fer, elle projette des masses gigantesques. Malgré de redoutables accidents, l'industrie des Américains, des Suédois, des Anglais, des Allemands, a su tirer parti de ses propriétés extraordinaires.

La nitro-glycérine fut découverte en 1847 par Sobrero ; elle est insoluble dans l'eau, présente un léger parfum agréable et piquant. Elle peut être classée parmi les poisons redoutables : une petite goutte sur la langue détermine de violents maux de tête. Sa densité est 1,6 ; elle se solidifie à 5° au-dessous de zéro. Au contact d'une flamme, elle brûle simplement ; si elle est chauffée sur un papier ou sur une plaque de métal, la combustion s'annonce par une faible explosion et la flamme est fuligineuse ; mais si un papier qui en est imprégné est frappé par un coup sec, il se produit une forte détonation.

M. Nobel essaya, le premier, en 1864, d'appliquer la force explosible de la nitro-glycérine. Il

9.

employait une cartouche de poudre ordinaire pour
mette le feu à ce liquide; il estimait sa force explosible à dix fois celle de la poudre. Le *Bulletin
de la Société d'encouragement* (décembre 1869)
renferme la traduction d'une instruction publiée
par l'administration des mines de Dortmund
(Prusse). Elle comporte les renseignements dé-
taillés sur l'usage et le traitement de l'*huile explosible de Nobel*. La publication de cette pièce
montre que l'on fait un usage courant de ce produit, en même temps que la sévérité des prescrip-
tions, relatives aux mesures de prudence à obser-
ver, prouve les grands dangers que présente son
emploi.

Les boîtes remplies de ce liquide portent l'in-
scription : *Huile explosible* et une tête de mort
entourée de trois croix. Il est de fait que les tentatives qui ont eu pour objet de substituer ce liquide
à la poudre de mine ont été signalées par d'ef-
frayantes catastrophes, résultant de l'extrême
instabilité de ses éléments. Une explosion détrui-
sit, le 3 avril 1866, le steamer *l'Européen*, de la

Compagnie des Indes occidentales. Le 16 du même
mois, deux barils débarqués à San-Francisco écla-
tèrent et firent de nombreuses victimes dans le
quartier. Une explosion eut également lieu à Sid-
ney; bien d'autres catastrophes furent à déplorer.
Il devenait donc prouvé que l'emploi de la nitro-
glycérine était impossible; en effet, le moindre
choc qui survient dans le transport peut occasion-
ner la décomposition de la matière...

Mais M. Nobel tourna la difficulté, il transforma
la nitro-glycérine en *dynamite*. Cette substance
n'est autre que le liquide explosif; mais, mélangé
à une matière poreuse qui s'en imprègne, les
chocs ne sont plus à craindre; car l'huile est
comme emprisonnée dans les pores de la matière
inerte qui lui sert de véhicule, et les parois de
ces pores amortissent les chocs qui peuvent se
produire. La dynamite produira donc des effets
dont l'intensité est proportionnelle à la quantité
de nitro-glycérine absorbée par la matière poreuse.
On l'enflamme à l'aide d'une mèche de mine ou
de l'électricité, comme nous allons le dire. La

nitro-glycérine jouit de la propriété exceptionnelle
de renfermer plus d'oxygène qu'il n'est nécessaire
pour en brûler complétement les éléments. 1 kilogramme de cette matière produit autant de gaz
que la poudre au nitrate. La chaleur dégagée est
double de celle engendrée par cette même poudre,
et supérieure d'un tiers à la poudre au chlorate.
1 kilogramme de nitro-glycérine, détonant dans
une capacité de 1 litre, développera une pression
de 243,000 atmosphères (quadruple de celle de
la poudre), une température de 93,400 degrés et
une quantité de chaleur égale à 19,700,000 calories. La nitro-glycérine réunit les propriétés en
apparence contradictoires des diverses matières
explosibles : elle est brisante, comme le chlorure
d'azote; elle disloque et fracture les rochers sans
les écraser, comme la poudre ordinaire; enfin,
elle produit des effets excessifs de projection.

Le principe qui domine la préparation de la
nitro-glycérine reste le même dans les divers procédés qui ont été suivis tant en Allemagne qu'en
Angleterre et en France. Nous indiquerons le pro-

cédé suivi par M. P. Champion, qui organisa le service des torpilles à la dynamite pendant le siége de Paris. Les Allemands employaient contre nous cet engin terrible, et nous, à Paris, nous n'étions pas organisés pour le préparer. De courageux chimistes, M. Champion notamment, étudièrent l'état de la question ; le problème fut résolu ; les Allemands éprouvèrent la qualité excellente des torpilles à dynamite parisienne. Voici, en quelques mots, comment on prépare cette huile si terrible.

On fait un mélange de 22 parties d'acide sulfurique à 66° et de 11 parties d'acide azotique fumant. Quand le mélange est refroidi, on y ajoute 5 parties de glycérine (en prenant une foule de précautions indiquées). Le mélange s'échauffe, des vapeurs nitreuses se dégagent; puis, quand la réaction se calme, on verse le liquide dans une grande quantité d'eau froide. En agitant, la nitro-glycérine produite se précipite sous forme de liquide huileux blanchâtre qui se rassemble rapidement au fond du récipient : on décante l'eau ; on la renouvelle jusqu'à ce que le liquide ne soit plus acide.

On purifiera le produit explosif en absorbant l'eau qu'il retient à l'aide du chlorure de calcium. On soutire ensuite l'huile, dont la densité doit être 1,6.

Voici maintenant comment M. Champion a préparé la dynamite parisienne. Nos ennemis les Allemands étaient favorisés du ciel sous tous les rapports, il paraît, car leur sol renferme une proportion considérable d'une sorte de *silice spongieuse* qui convient on ne peut mieux à l'absorption de cette huile. La dynamite allemande n'est donc autre que ce sable fin, léger, poreux qui a *bu* la nitro-glycérine. Il fallut trouver à Paris une matière qui remplît le mieux possible les mêmes conditions. Un grand nombre de matières furent proposées : la silice provenant du kaolin décomposé par l'acide sulfurique, les sables et grès très-fins, la pierre meulière écrasée...
M. Champion a préféré la terre cuite provenant des fours de verrerie ou de briqueterie. Cette ma-

tière, livrée par M. Feil, l'habile verrier, a parfaitement réussi. Sa porosité permet, à poids égal, d'obtenir un produit plus sec. On introduit la poudre siliceuse dans un vase en grès ou en porcelaine, et on verse dessus 20 à 25 pour 100 de nitro-glycérine. On agite le tout avec une spatule en bois. Il faut, par prudence, ne préparer que quelques kilogrammes de matière.

Quand le mélange est intime, la dynamite est prête à être employée. Elle ne doit pas mouiller les parois du vase qui la renferme. On peut se rendre compte de la valeur du produit en frappant d'un fort coup de marteau une pincée placée sur une enclume; on entend un bruit analogue à celui d'un coup de fouet.

Ordinairement on enflammait la dynamite à l'aide d'une forte mèche de mine; M. Champion a organisé un système d'amorces électriques qui permet de faire exploser les mines à dynamite par un courant électrique, en employant les appareils électriques dont il sera question dans le prochain chapitre. On se rendra compte, avec intérêt, du cours de fabrication de la dynamite à Paris en novembre 1870.

Pour 50 kilogr. par jour.

10 kilog. glycérine à 32°.	15 fr.	
44 — acide sulfurique à 66°. . . .	8	80
22 — acide nitrique fumant. . . .	24	20
40 — terre cuite pulvérisée	12	00
Direction	10	
Main-d'œuvre : 5 ouvriers.	18	20
Frais généraux.	11	80
	100 fr. 00	

Soit 2 francs le kilogramme de dynamite contenant 25 pour 100 de nitro-glycérine. La fabrication continue et en grand permettrait d'abaisser le produit à 1 fr. 60.

Poudre-coton. —Elle ne renferme pas, comme la nitro-glycérine, une quantité d'oxygène suffisante pour la combustion complète de ses éléments. Aussi les produits sont-ils fort compliqués, à moins d'y mélanger du nitrate et du chlorate de potasse. 1 kilogramme de poudre-coton produirait ainsi 700,000 calories, un peu plus que la poudre ordinaire, mais infiniment moins que la nitro-glycérine. En brûlant dans un espace de 1 litre, 1 kilogramme de cette substance développerait une pression de 194,000 atmosphères. Pour obtenir le maximum d'effet, il faut comprimer la matière de manière à la ramener à son plus petit volume possible.

Picrate de potasse. — Le picrate de potasse pur détone violemment sous l'influence d'une chaleur assez forte ; mais il est loin de renfermer assez d'oxygène pour donner lieu à une combustion complète. De là la nécessité de le mélanger avec du nitrate et du chlorate de potasse.

Considéré d'abord seul, 1 kilogramme de picrate de potasse, détonant dans un espace de 1 litre, fournira 170,000 atmosphères et une chaleur de 12,700,000 calories.

Ces chiffres sont intermédiaires entre ceux qui correspondent à la poudre-coton et ceux relatifs à un mélange de poudre-coton et de nitrate de potasse, et ils diffèrent peu des nombres relatifs au chlorate de potasse mélangé de soufre et de charbon ; mais ils l'emportent sur les éléments de la poudre au nitrate de potasse.

L'addition du nitrate de potasse au picrate paraît seulement le rendre plus facilement inflammable en abaissant la température de la réaction initiale. 1 kilogramme de cette poudre, détonant dans une capacité de 1 litre, développera une pression de 186,000 atmosphères et une quantité de chaleur de 17,000,000 de calories. Ces valeurs ne sont dépassées que par la nitro-glycérine.

CHAPITRE V

L'ÉLECTRICITÉ. — L'ÉCLAIRAGE ÉLECTRIQUE. — LES TORPILLES.
LA TÉLÉGRAPHIE MILITAIRE.

L'électricité, comme toutes les découvertes de la science, ne devrait jamais être invoquée que pour collaborer au progrès de la civilisation ; et, cependant, dans cette guerre fatale, l'électricité a triplement contribué au massacre humain : en éclairant les combats, en mettant le feu à ces mines terribles, en transmettant les ordres de batailles.

La *Lumière*, les *Torpilles*, la *Télégraphie*. Tels sont les trois services distincts que l'électricité dut remplir.

LA LUMIÈRE.

L'ARC VOLTAÏQUE. — L'arc voltaïque est cette belle lumière qui jaillit entre deux pointes de charbon fixées aux deux pôles d'une pile à acide nitrique ou d'une machine magnéto-électrique, lorsque leur distance est convenable. On comprend l'expression *voltaïque* qui rappelle le nom de l'illustre créateur de la pile électrique. Il n'est personne à Paris qui n'ait admiré au théâtre, dans les cours publics, ou sur nos places, cette belle lumière, dont l'éclat est comparable à celui du soleil.

A un moment, on voulait recourir à ce soleil artificiel pour l'éclairage public. Ce projet était insensé, mais il plaisait à certains spéculateurs du règne d'Haussmann : bien heureusement, les savants parvinrent à sauver les becs de gaz qui font l'ornement de Paris nocturne.

Pourquoi ce soleil artificiel ne succéderait-il pas

à l'astre-roi, au moment où il déverse ses rayons
sur l'autre hémisphère? Pour deux raisons : d'a-
bord à cause de la constitution physique de ses
rayons ; ensuite, en raison de cette loi, « pour
éclairer un espace, il faut *diffuser* les rayons et
non les *concentrer* en un point. » Faites passer
au travers d'un prisme en verre un faisceau de
rayons émis par l'arc voltaïque, vous obtiendrez
cette image aux sept couleurs, que les physiciens
nomment le *spectre* lumineux ; cette image repro-
duit les différents rayons simples qui entrent dans
la constitution d'un rayon de la lumière ainsi
analysée. Chacun connaît la composition de la
lumière solaire. Son spectre est formé de rayons
qui s'étalent dans cet ordre : rouge, orangé,
jaune, vert, bleu, indigo, violet ; chacun de ces
rayons jouit d'une propriété spéciale ; chacun, en
un mot, a son rôle particulier dans l'effet produit par la lumière blanche. Les rayons *rouges*
sont les plus chauds ; ceux *orangés* et *jaunes*
jouissent du pouvoir éclairant ; les rayons *verts*
paraissent favorables aux actions physiologiques ;

10.

enfin, à partir du *bleu*, les rayons lumineux pro-
duisent des phénomènes chimiques. C'est à eux
que les photographes doivent l'exécution de leurs
épreuves, tandis que les rayons solaires tamisés à
travers un écran rouge ou orangé ne produiraient
aucun effet. Comparons le spectre de la lumière
électrique avec celui de la lumière solaire. De
prime abord, il semblerait que les rayons de ces
deux sources eussent la même composition; mais,
en analysant quelque peu les deux spectres, on ne
tarde pas à se convaincre que les parties *jaune*
et *orangée* sont beaucoup plus restreintes dans le
spectre de la lumière électrique; tandis qu'au
contraire, la partie violette en est beaucoup plus
prononcée. Il résulte de cette constitution que les
couleurs *vues* à la lumière électrique ne sont pas
les mêmes que celles *vues* au soleil. La raison en
est que les corps qui reçoivent les rayons émis
par une source lumineuse ne paraissent *colorés*
qu'en raison des rayons qu'ils *réfléchissent*, au
lieu d'absorber. Or, la lumière électrique émet-
tant plus de rayons violets que le soleil, il en

résulte que les corps qui réfléchissent ces rayons se trouvent altérés dans le sens de l'excès des nuances bleue et violette qui sont le moins absorbées. Disons-le, les dames aux riches toilettes qui parent nos salles de théâtre refuseraient leur présence dès qu'elles auraient constaté le triste reflet que leur rendraient les rayons du lustre électrique substitué à celui de l'éclairage au gaz.

Service de l'éclairage électrique pendant le siége. — Mais, pendant le siége de Paris, le rôle de la lumière électrique devait être bien différent. Il ne s'agissait plus, pour ce soleil artificiel, d'éclairer nos fêtes et nos places publiques, mais de percer de ses rayons l'obscurité qui masquait les embrasures des batteries ennemies. Il fallait aussi protéger les forts et les remparts contre les attaques nocturnes. Or les Allemands s'étaient parfaitement reconnus impuissants pour effectuer un assaut régulier, même contre le moindre fort; mais, de nuit, ils ont toujours espéré qu'une surprise, aidée par l'espionnage préliminaire, opération dans laquelle ils sont passés maîtres, pourrait leur livrer un des forts de Paris. La lumière électrique les a toujours déconcertés : dès que la colonne d'attaque arrivait à distance voulue, un faisceau élargi l'embrassait et la désignait à un feu largement nourri des braves défenseurs des forts. La retraite était précipitée. Les redoutes les plus avancées étaient munies de ce précieux *feu de nuit ;* et disons tout de suite que les opérateurs n'étaient pas les moins méritants des combattants; car, leurs fanaux étaient les points de mire principaux du feu de l'assaillant.

Quelle était l'organisation de cet important service? Il faut considérer : la source électrique, les appareils, ou lampes électriques, les appareils accessoires, la distribution du service.

Sources d'électricité employées. — La science dispose actuellement de deux sources d'électricité : La *pile* et la *machine magnéto-électrique.* — Sans sortir de notre cadre nous pouvons établir un parallèle entre ces deux foyers d'élec-

tricité. La *pile électrique*, telle qu'elle est consti-
tuée pour le service de la lumière, représente le
foyer des réactions chimiques les plus intenses;
le zinc décompose l'eau sous l'influence de l'acide
sulfurique, l'oxydation du zinc fournit la plus
grande proportion de l'électricité perçue; l'hydrogène dégagé décompose l'acide nitrique qui
environne le charbon et cette action chimique,
très-énergique également, ajoute son effet à celui
du zinc.

Voici, au point de vue technique, la composition d'un couple électrique à acide nitrique.

Un premier vase extérieur contient un zinc
cylindrique et de l'eau acidulée par l'acide sulfurique; puis un vase en terre poreuse renferme de
l'acide nitrique et un cylindre de charbon de
cornue. Au zinc est fixé le conducteur du pôle
dit *négatif*, au charbon est celui *positif*. Le principe général qui préside au dégagement de l'électricité dans la pile est le suivant : Toute action
chimique engendre de l'électricité. Si l'eau est
décomposée par un métal, celui-ci prend l'élec-

tricité positive, et le liquide l'électricité négative ;
ces deux électricités se reconstituent à l'état neutre
à travers les conducteurs qui correspondent aux
deux éléments et c'est à l'issue de ce circuit que
les deux courants contraires effectuent leur travail, qui sera chimique s'ils traversent un élément
décomposable ; physique, calorifique ou lumineux, si les courants se propagent dans un conducteur susceptible de s'échauffer ou de brûler à
l'air.

Dans une pile électrique, on ne cherche pas
seulement l'intensité du courant électrique, mais
la constance. Voici, en effet, ce qui se produirait
si du zinc se trouvait dans de l'eau acidulée par
l'acide sulfurique en présence d'un élément inerte
comme du charbon ou du platine. Le zinc décom-
poserait l'eau, s'oxyderait en devenant l'élément
négatif, tandis que l'eau communiquerait à l'élément non attaqué l'électricité positive qui lui
incombe ; mais l'hydrogène, provenant de l'eau
décomposée, afflue sur le conducteur positif et,
comme les gaz ne *conduisent* pas l'électricité, l'é-

lément positif ainsi voilé cesse d'accomplir sa fonction. Le couple devient inerte. Que faut-il donc pour maintenir sa *constance ?* il faut environner le conducteur positif d'une matière avide d'hydrogène. Celui-ci conserve ainsi sa faculté de conduire l'électricité. Mais, la *polarisation*, comme disent les physiciens, de l'électrode positive entraîne une autre cause de déperdition de la puissance effective de la pile. Les gaz oxygène et hydrogène qui se répandent sur les conducteurs positif et négatif tendent à se recombiner et il en résulte, dans l'intérieur même du couple, un contre-courant qui annihile une partie importante du courant principal.

C'est le choix de la matière absorbante de l'hydrogène qui change absolument la nature de la pile et le rôle auquel elle est propice. Avec l'acide nitrique, l'acte de dépolarisation entraîne des réactions chimiques très-intenses et qui sont *concordantes*, c'est-à-dire qui ajoutent leurs effets électriques. Le résultat électrique du foyer est donc la somme de toutes les actions chimiques produites dans son sein. Mais cette pile est de peu de durée, en raison même de l'énergie de sa fonction, elle est épuisée au bout de dix heures ; elle revient à un prix très-élevé : il faut cinquante couples pour alimenter un fanal électrique. Malgré toutes les inventions de piles électriques à haute intensité, il n'y en a aucune qui puisse être substituée avantageusement à la pile à acide nitrique.

Pour cette application si importante·de l'électricité, la télégraphie, la pile à acide nitrique ne saurait convenir en raison de sa trop grande intensité et de sa courte durée. La partie fondamentale du générateur (zinc et eau chargée d'acide sulfurique) ne change pas ; il n'y a que la seconde partie qui est modifiée, celle qui détermine la constance du couple. A l'acide nitrique on substitue un sel métallique capable d'absorber l'hydrogène, *d'être réduit par lui*, généralement le sulfate de cuivre ; le conducteur positif est alors une lame de cuivre. Cette pile a une puissance 58 p. 100 de celle de la pile à acide nitrique ; mais sa constance est très-grande et son entretien est très-facile; il suffit de rajouter des cristaux de sulfate de cuivre au fur et à mesure de leur épuisement. La pile à sulfate de cuivre a subi nombre de transformations qui ne touchent pas à son principe vital et qui n'intéressent que le dispositif plus ou moins heureux des organes. Les modifications les plus récentes qui ont été apportées à cette pile consistent surtout à en réduire l'entretien le plus possible, à faire en sorte que la pile n'exige aucun soin pendant des mois entiers; c'est grâce à ces systèmes de piles que l'électricité a pu s'introduire dans les coutumes domestiques, notamment pour le service des sonneries, des tableaux de service, etc. On emploie, soit le sulfate de mercure, soit le peroxyde de manganèse. Enfin, ajoutons que pour le service des torpilles, on emploie une sorte de pile très-énergique, mais non constante, dont le rôle doit être de fournir instantanément un courant électrique de la plus grande énergie possible. Elle est formée par l'accouplement du zinc et du charbon qui plongent dans de l'eau chargée d'acide sulfurique et de bichromate de potasse.

La *machine magnéto-électrique* est la plus grande expression du progrès scientifique réalisé à notre époque ; on peut dire qu'elle est la plus admirable manifestation de l'idée actuelle en ce qu'elle affirme le plus nettement l'*équivalence des forces physiques*. En peu de mots, nous pourrons rappeler le principe physique de cette précieuse machine. Supposons une bobine, creuse à l'intérieur, et sur laquelle est enroulé un fil de cuivre, bien isolé par une couverte de soie, afin que les spires ne se touchent pas. Prenons un *aimant* à la main, entrons-le dans la bobine et retirons-le alternativement. Qu'arrivera-t-il? On admet que l'aimant est très-fort et le nombre de spires de fil assez grand. A chaque entrée ou sortie de l'aimant, on obtiendra des étincelles aux extrémités du fil, que l'on rapprochera suffisamment. Ces effets sont produits par des *courants d'induction* : le magnétisme qui, ainsi que l'a prouvé l'illustre Ampère, n'est qu'une forme de l'électricité, agit, par son approche et son éloignement alternatifs, sur les spires de fil conducteur, pour appeler chez lui des courants électriques alternativement de signes contraires, dont les effets sont analogues à ceux des courants de la pile.

On conçoit aisément, étant posé ce principe, qu'il sera possible de réaliser des générateurs aussi faibles ou aussi intenses que l'on voudra ; il suffira de régler la force des aimants, la puissance des bobines et leur nombre. C'est ainsi qu'on établira des *générateurs magnéto-électriques* pour la médecine, pour la télégraphie et pour l'éclairage électrique.

Quelques mots sur ce générateur qui importe spécialement à notre sujet.

On peut s'imaginer facilement une roue en fonte qui supporte des séries de bobines rangées circulairement et organisées de façon à se correspondre. Chaque bobine est garnie du fil conducteur dans lequel doit naître le courant d'induction, et à l'intérieur elle possède un noyau de fer très-pur. Ce fer peut prendre l'aimantation et la perdre dans le plus court espace de temps possible. Cette roue est organisée sur un bâti très-solide, et elle recevra un mouvement de rotation par un jeu de poulies. Extérieurement et dominant cette roue, se trouvent disposées également circulairement et à poste fixe, des rangées d'aimants très-puissants; ces aimants ont la forme de fer à cheval, et leurs pôles sont placés de façon à *effleurer presque* les noyaux des bobines, à leur approche.

Le jeu de la machine est aisé à comprendre. Faites tourner la roue munie des bobines; les noyaux, s'approchant des aimants, seront influencés, ils s'aimanteront — c'est comme si on entrait un aimant dans la bobine : donc, il y a production de courant dans le fil de cuivre; de même, la bobine s'éloignant, le fer perd son aimantation. C'est comme si on sortait l'aimant de la bobine, il se produit encore un courant induit. S'il y a huit rangées d'aimants, s'il y a 120 bobines accouplées ensemble, on obtiendra, à partir d'une certaine vitesse de rotation, une série de courants qui afflueront dans les deux conducteurs extrêmes, et leur somme totale représentera un effet analogue à celui de 100 à 120 couples Bunsen (les

bobines étant généralement calculées en conséquence).

Pour faire tourner la roue de ce générateur, il
faut une machine à vapeur de deux à trois chevaux. Si on veut suivre la série de transformations
qu'éprouvent les forces physiques qui se succèdent,
on considérera, comme nous, cette machine comme
la plus belle manifestation du principe de l'équivalence des forces physiques.

Le charbon brûle dans le foyer de la machine
à vapeur, une force mécanique résulte de sa combustion : le rouleau entre en mouvement, le magnétisme engendre l'électricité dans les bobines ;
les deux courants inverses affluent aux conducteurs : ils se recombinent entre les pointes de
charbon de la lampe électrique et l'électricité devient lumière.

Qu'obtient-on, en somme, comme puissance
lumineuse ? l'équivalent du charbon brûlé dans le
foyer de la machine à vapeur, abstraction faite
des forces perdues, par suite de ces transformations successives de la force première. Comparons

11.

enfin les prix de revient de la lumière électrique fournie par la pile ou par la machine magnéto-électrique. En prenant le bec carcel comme unité de comparaison, les prix de l'unité de lumière fournie par la pile et par la machine sont dans les rapports de 0 cent., 58 à 0 cent., 079.

On comprend ainsi pourquoi il ne pouvait pas être question de *phares électriques* avant la découverte du générateur magnéto-électrique.

Poste de lumière électrique. — Pendant toute la durée du siége, les fanaux électriques furent établis, tant aux remparts, que dans les forts et aux redoutes. Mais, ce ne fut pas la machine magnéto-électrique qui alimenta tous ces feux. Une seule fonctionna au poste de la butte Montmartre. Partout ailleurs c'était une pile de 50 couples à acide nitrique qui fournissait la lumière électrique. Ainsi s'explique la supériorité si grande du fanal de Montmartre qui, très-habilement dirigé par M. Bazin, l'ingénieur de la baie du Vigo, embrassait de ses rayons les positions d'Orgemont.

Le public affluait à Montmartre pour visiter ce poste si bien installé; M. Bazin s'empressait de donner tous les renseignements avec la plus grande complaisance, en même temps qu'il convoquait les vrais amateurs d'électricité à le venir voir, de nuit, tracasser les Prussiens du jeu des rayons intenses du feu électrique. A la nuit, on se rendait aux buttes, d'où l'horizon s'étend si loin tout autour de Paris, et M. Bazin introduisait ses visiteurs dans son sanctuaire (le baraquement inférieur du fameux moulin de la Galette). Sous une grange voisine est la machine à vapeur : un jeu de courroies traverse la boisure et va se relier à la roue de la machine magnéto-électrique; face à une fenêtre, pratiquée pour la circonstance, est la lanterne, qu'indique notre figure 6.

Lanterne électrique. -- La lampe électrique (*fig.* 6) est renfermée dans une grande boîte noircie, tant à l'intérieur qu'à l'extérieur ; des volets munis de verres bleus permettent à l'observateur de surveiller l'arc brillant, sans se fatiguer la vue. Pour porter au loin, il faut que les rayons se forment en un

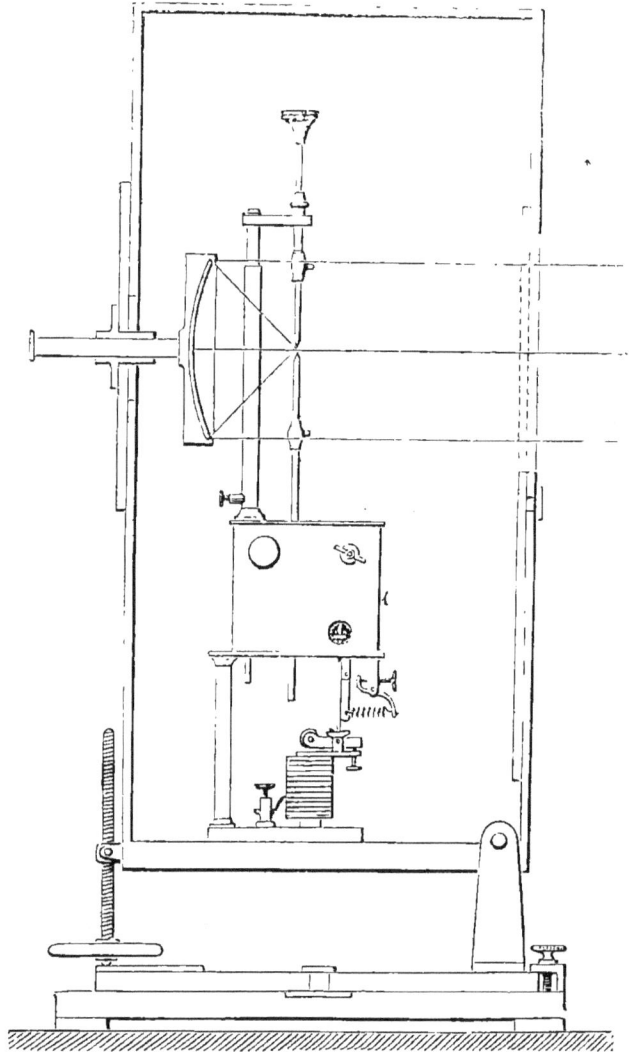

Fig. 6.

large faisceau parallèle qui commencera à diverger sensiblement à une distance déterminée ; cet effet est obtenu à l'aide d'une sorte d'allonge qui vise la position ennemie. Elle renferme le jeu de lentilles et ses parois s'opposent à une déperdition trop hâtive de lumière. Dans le fond de la boîte se trouve un miroir, travaillé d'après la méthode Foucault et qui, grâce à son exactitude de courbure permet, par la moindre variation de sa distance au point lumineux, de modifier à volonté la forme et la portée du faisceau. Il suffit de toucher un manche qui ressort de la boîte. En plaçant le point lumineux au foyer principal du miroir, on obtient un faisceau rigoureusement parallèle qui franchit la plus grande distance (elle a atteint jusqu'à 18 kilomètres). S'il s'agit d'illuminer une position, soit pour démasquer les travaux de l'ennemi, soit pour tirer dessus, on rendra le faisceau plus ou moins divergent. Le fanal de Montmartre illuminait Orgemont comme par un beau clair de lune. Enfin, veut-on produire des signaux lumineux qui soient vus de très-loin ? On ferme l'allonge par un écran qui peut recevoir, à

volonté, des verres de diverses couleurs ; le faisceau
est rendu convergent pour éclairer l'écran le plus
vivement possible. Il suffit de toucher telle ou
telle corde pour amener devant l'écran un verre
rouge, bleu, vert, ou un obturateur, ou enfin on
laisse l'écran libre. Rien n'est donc plus aisé que
de constituer un système de *télégraphie optique*
portant à de très-grandes distances. On peut
invoquer soit le système d'éclairs plus ou moins
espacés, soit le système de feux de diverses couleurs.
La télégraphie optique a été très-employée pour
établir des relations entre les forts et les remparts,
entre les divers secteurs, et entre les secteurs,
l'armée et les forts.

Nous arrivons maintenant à l'appareil que renferme cette cage obscure, à la lampe électrique.
Il a été dit que la lumière électrique n'est autre
que l'arc lumineux qui se forme entre deux pointes
de charbon fixées aux pôles d'une pile ou d'une
machine magnéto-électrique. Cette lumière n'est
pas due à la combustion des charbons, mais à
l'irradiation de leurs molécules qui voyagent,

d'une manière continue, du pôle *positif* au pôle *négatif* de la source électrique.

Par suite, si la combustion n'avait pas lieu, c'est-à-dire si l'on opérait dans le vide absolu, la distance des charbons étant réglée d'après l'intensité de la source électrique, on aurait nécessairement un arc lumineux continu, puisque la quantité de matière arrachée au pôle positif se retrouverait exactement transportée au pôle négatif.

Le but que doit remplir un *régulateur de lumière électrique* est donc de corriger mécaniquement l'écart des charbons dans l'air, lequel résulte de leur combustion. On ne peut opérer dans le vide, car les enveloppes de verre ne sont pas susceptibles de résister à la haute température due à la formation de l'arc. MM. Staite et Petrie en Angleterre, et Léon Foucault en France, résolurent en même temps cette question de mécanique électrique. Nous ne décrirons pas cet appareil dans ses détails, mais on saisira aisément le principe de sa construction. La figure 7 représente précisé-

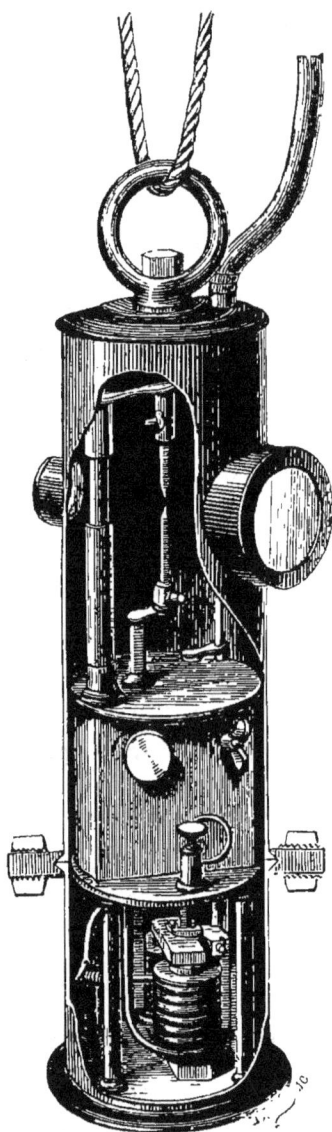

ment le régulateur qui a rendu de très-grands services durant le siége et que M. J. Duboscq construit, d'après le principe de Foucault, pour les cabinets de physique et pour le service de l'éclairage des phares. On a également employé un régulateur dont le système appartient à M. Serrin. Dans le dessin, l'appareil de M. J. Duboscq est vu dans une cage hermétiquement close, les rayons sortent par des ouvertures munies de lentilles. Deux sortes de câbles ressortent et sont destinés à amener le courant électrique à la lampe.

Fig. 7.

Ce dispositif constitue une *lanterne sous-marine :* il permet ainsi d'éclairer le fond des eaux pour exécuter des fouilles, des travaux, pour éclairer la pose des torpilles sous-marines, etc.; c'est ainsi que M. Bazin a effectué les fouilles de Vigo. On peut aussi reproduire, grâce à ce fanal, la *pêche miraculeuse de l'Évangile;* car les poissons affluent tout autour de ce phare sous-marin, et il n'y a plus qu'à les couvrir des filets.

Nous avons dit que les charbons doivent toujours conserver le même écart; or, leur marche est commandée par un rouage d'horlogerie. Une fois ce rouage déclanché, les porte-charbons courent l'un vers l'autre, et ils s'arrêtent si le rouage est rembrayé. Or, à ce moment, l'arc se rétablit, l'électro-aimant reprend sa force, l'armature est de nouveau attirée et le rouage se trouve rembrayé. Le courant électrique traverse un électro-aimant dont l'armature commande le rouage en question. Tant que le courant est suffisamment intense, ce qui a lieu pendant tout le temps que l'arc éclate entre les charbons, l'armature est retenue et les charbons sont maintenus à la distance voulue; dès qu'au contraire cette distance s'est accrue par suite de l'usure des charbons, et que l'arc va s'éteindre, l'armature est lâchée par l'électro-aimant; le rouage fonctionne, et les charbons se rapprochent.

Le service de la lumière électrique a fonctionné d'une manière constante aux redoutes et dans les forts; il a été bien moins assidu aux remparts, vu que la tactique du siége s'est vite dévoilée. Du côté des Allemands la lumière électrique n'était pas non plus inactive. L'intensité de leurs fanaux prouvait que leurs électriciens étaient armés, non de piles comme les nôtres, mais de machines magnéto-électriques.

LES TORPILLES.

Cette fonction si terrible de l'électricité a été largement utilisée tant par les Français que par les Allemands. Nous avons vivement regretté de n'avoir pu l'utiliser pour détruire les positions dont la prise de possession par les ennemis a déterminé la perte de Paris; mais le réseau des remparts et ceux de certains forts ont pu être mis en état de défense. Un service régulier fut organisé à Paris pour le réseau des remparts : le service des forts et plus tard celui de l'armée furent confiés soit aux télégraphistes, soit au *génie volontaire* [1]. Il y a donc lieu de considérer le service des *torpilles à demeure* et celui des *torpilles volantes*.

Poste de service des torpilles. — Le service des torpilles à demeure dépendait militairement des commandants de secteurs; mais il était placé sous la haute surveillance d'ingénieurs en chef : M. de Fréminville pour la rive gauche, M. E. Flachat pour la rive droite; des membres du personnel des principaux établissements scientifiques de Paris

[1] Il se forma, sous ce nom, un corps composé de savants, d'industriels et d'ingénieurs, qui rendit de très-importants services à la défense de Paris.

remplissaient les fonctions d'inspecteurs et d'opérateurs. Le préposé au service des torpilles devait
placer lui-même ses engins et surveiller l'état du
circuit; il était responsable. Le poste consistait
en une petite baraque, protégée autant que possible contre le feu ennemi; là, était le générateur
qui devait lancer le courant à la torpille, une
boussole indicatrice et une pile *très-faible*. Voici
quel était le travail de chaque jour : il fallait connaître l'état du circuit, et pour cela le vérifier
par le passage d'un courant très-faible, incapable
de mettre le feu à la torpille; c'est à cela que
servaient la pile faible et la boussole : il suffit de
voir si le courant lancé dans le câble revient à la
boussole, ce qu'indique la déviation de l'aiguille.
Le générateur, lui (pile à bichromate ou exploseur magnéto-électrique), restait là, tout disposé
pour attendre l'ennemi. Une seconde à peine suffit
pour enflammer la mine et détruire les assail-
lants. Les Parisiens n'ont pas eu l'occasion d'assister à ce sanglant spectacle, et, au bout de cinq
mois de siége, les opérateurs ont dû noyer les mines

et retirer leurs appareils. Examinons maintenant l'organisation de la torpille et de ses accessoires. Il n'y a pas un grand nombre d'années, lorsqu'il s'agissait de faire sauter un fourneau de mine, on le mettait en communication avec le sol par un tube de toile garni de poudre : à l'extrémité de cette traînée, on plaçait une bande d'amadou assez longue pour que les opérateurs chargés d'y mettre le feu eussent le temps de se rendre hors de portée. Plusieurs causes contribuaient à rendre cette méthode dangereuse. Malgré le soin qu'on apportait à la construction des *saucissons*, ils pouvaient être défectueux dans leur conductibilité : la mine peut sauter plus tôt qu'on ne s'y attend. Si plusieurs mines avaient été disposées pour sauter ensemble et qu'un retard se manifestât pour l'une ou plusieurs d'entre elles, les opérateurs se trouvaient exposés au terrible danger d'être surpris par l'explosion au moment où ils venaient visiter les fourneaux. Enfin, dans le cas de mines monstres, il arrivait trop souvent qu'une forte partie de la poudre ne produisait aucun effet. M. Have,

12.

puis M. Roberts avaient déjà songé à utiliser la puissance calorifique du courant électrique, et ils firent sauter plusieurs mines en enflammant la poudre par le contact d'une spirale de platine rendue incandescente par le courant d'une forte pile. On en revient actuellement à ce procédé en employant la pile à bichromate de potasse dont il a été question plus haut. Une boîte contient vingt de ces couples, et elle est organisée de telle façon qu'à l'état ordinaire les électrodes (zincs et charbons) sont maintenus en dehors du liquide excitateur qui reste, à poste fixe, dans les bocaux. Le circuit restant installé, il suffit de baisser une manivelle pour immerger, d'un coup, les électrodes dans les bocaux et lancer le courant dans le circuit où se trouve le fil de platine en contact avec la poudre à enflammer.

Ce fil est enroulé en forme de spirale, et il est renfermé dans une cartouche, environné de poudre; cette cartouche elle-même est dans un sac à poudre, et le tout au milieu de la mine totale,

Lorsque l'on découvrit la bobine d'induction, l'enthousiasme fut tel, que de tous côtés survinrent des applications plus ou moins possibles de ce merveilleux appareil. Un certain nombre portaient sur le pouvoir calorifique de l'étincelle que l'on peut émettre à des distances même très-grandes du générateur. On devait tout naturellement penser à l'explosion des mines. Le pouvoir calorifique de l'étincelle d'induction est très-faible; cette étincelle peut parfois éclater au sein d'une masse de poudre sans en déterminer l'inflammation. Il a fallu que l'ingénieur anglais Stateham imaginât la fusée qui porte son nom pour que le succès de l'opération fût garanti. Cet engin met à profit une observation très-intéressante. Lorsque la gutta-percha vulcanisée (c'est-à-dire combinée à du soufre) a recouvert un fil de cuivre pendant un temps assez long, une couche de sulfure de cuivre à la fois conductrice de l'électricité et combustible se dépose à la surface de la gutta-percha.

Si l'on coupe le fil de cuivre suivant une étendue de 2 à 5 centimètres, en laissant exister la gutta, qui affecte alors la forme de gouttière, l'électricité pourra non-seulement passer sous forme d'étincelle, grâce au sulfure de cuivre qui enduit la gutta, mais même déterminer la combustion de ce sulfure de cuivre. Cette espèce de gouttière étant chargée de poudre, celle-ci prendra feu, et, par suite, la fusée dans laquelle cet organe électrique est introduit.

L'inflammation des mines par l'étincelle de la bobine d'induction date de 1858; les premiers essais furent faits à cette époque par M. le colonel Verdu, assisté de M. Rumhkorff. M. Trêves, capitaine de frégate, employa le procédé dans la campagne de Chine pour faire sauter deux forts situés sur le cours du Péi-Ho. On voit que déjà l'électricité devenait engin de guerre. Mais, depuis que les générateurs magnéto-électriques furent tant perfectionnés, on combina des appareils qui suppriment l'emploi de la bobine d'induction, qui a l'inconvénient de nécessiter l'intervention de la pile.

L'exploseur magnéto-électrique, fondé sur le principe énoncé plus haut, est à la fois source d'électricité et bobine d'induction. Une paire de bobines se trouvent engagées dans les pôles d'un faisceau d'aimants énergiques : les extrémités du fil de ces bobines aboutissent au circuit de la ligne de torpille. En avant des fers de bobines se trouve une masse épaisse de fer doux que l'on peut éloigner par voie d'inclinaison en frappant sur une main. Voici quel est le principe de cet *exploseur magnéto-électrique*. L'approche d'une masse de fer doux renforce la puissance d'un aimant. L'éloignement la diminue, au contraire. Or un aimant étant maintenu en présence de bobines, on produit, en faisant varier subitement sa force magnétique, le même effet que si on l'entrait dans la bobine pour le retirer ensuite. Cet appareil est donc très-simple, très-portatif et très-énergique en raison de conditions d'installation dans le détail desquelles nous ne pouvons entrer.

Cet *exploseur* a été employé dans cette guerre,

et il a rendu de très-bons services; il nous paraît évident que les praticiens militaires finiront par comprendre qu'il est très-inutile de recourir à la pile à bichromate de potasse, qui coûte cher d'entretien, et est encombrante et peu maniable, tandis qu'ils ont, en cet exploseur, un appareil éminemment portatif et qui est toujours prêt à fonctionner. Nous verrons plus loin que les manipulateurs des télégraphes militaires peuvent également servir d'exploseur.

La fusée de Stateham ne convient pas pour la fonction d'un générateur magnéto-électrique; l'étincelle est moins calorifique que celle de la bobine d'induction. M. Ebner, colonel du génie autrichien, a combiné un système d'amorce qui agit à coup sûr. Cette amorce présente deux fils de cuivre isolés et maintenus par une masse de soufre et de verre fondus ensemble ; entre leurs extrémités intérieures, on place une poudre fulminante composée de chlorate de potasse, sulfure d'antimoine et charbon. La poudre fulminante est quelque peu conductrice, et l'inflammation a lieu par suite de la résistance qu'elle oppose au passage du courant.

M. Abel, professeur à l'École du génie de Woolwich, a aussi imaginé une disposition très-avantageuse pour les amorces. La poudre dont il fait usage est un mélange de sous-phosphure et de sous-sulfure de cuivre, délayés dans de l'eau gommée et additionnés de chlorate de potasse.

Sous-sulfure de cuivre.   64
Sous-phosphure de cuivre.   14
Chlorate de potasse.   22
                                        ———
                                        100

La forme la plus simple et la plus perfectionnée de ces amorces est la suivante. Deux fils de cuivre de 1/2 millimètre de diamètre sont placés à 1 millimètre de distance dans un tube de gutta-percha de 4 millimètres de diamètre; ils sont donc bien isolés l'un de l'autre. Entre eux, à 1/2 millimètre de chacun, on place la poudre fulminante, qu'on maintient dans une enveloppe de papier d'étain. On place ensuite ces amorces dans un petit moule en bois chargé de poudre ordinaire.

Un exploseur Breguet, ne pesant que $7^k,5$, a fait partir des amorces de Paris à Rouen, ligne de 120 kilomètres, avec retour par la terre. En 1869, on a fait sauter une mine de Paris à Bordeaux, ligne de 585 kilomètres, avec retour par la terre.

Ces données suffiraient à prouver que, dans la majeure partie des circonstances, il n'y a pas lieu de mettre en doute l'efficacité possible des générateurs magnéto-électriques.

Nous n'avons pas à parler ici des torpilles sous-marines; mais il nous est loisible de dire que leur organisation électrique est exactement la même que celle des torpilles terrestres. Leur expérience fut faite très en grand lors de la guerre d'Amérique. Il n'y eut pas moins de trente-cinq vaisseaux qui périrent par les torpilles.

Le service des torpilles volantes s'effectue à l'aide des mêmes engins; c'est dans ce cas où l'exploseur magnéto-électrique est surtout avan-

geux à invoquer, car la pile à bichromate de
tasse est d'un transport peu facile.

LA TÉLÉGRAPHIE MILITAIRE.

La *télégraphie militaire* date de la guerre d'I-
lie. C'est alors qu'on songea à organiser un
service télégraphique pour les armées en campagne. Le problème à résoudre est celui-ci : un
camp étant posé, une armée étant disposée en
ligne de bataille, comment établir, le plus aisément possible, une communication télégraphique
entre les chefs de corps et le commandant en chef?
Comment, en outre, relier le camp ou l'armée
avec le réseau de l'État?

On conçoit immédiatement l'importance de la
question, qui s'est singulièrement accrue durant
la guerre actuelle, où tant de catastrophes nous
éprouvaient successivement : armées démembrées,
lignes de communications détruites, et, pour fi-
nir, Paris isolé du monde entier. Un système de

télégraphie volante ne peut évidemment être le même que celui qui a pour effet d'opérer à poste fixe, à l'abri de toute cause perturbatrice du service. Le générateur électrique, les appareils, la ligne, le mode d'organisation, tout doit être approprié au caractère spécial de ce service.

La source électrique ne sera pas la pile, mais plutôt le générateur magnéto-électrique. Encore, dans le cours de cette guerre, l'administration a employé la pile à sulfate de mercure dans la plupart des cas, quoique le service des appareils magnéto-électriques ait prouvé que la question devait définitivement être résolue dans ce sens.

Il suffira, pour se convaincre, d'examiner l'organisation du *poste télégraphique militaire* tel que l'établissent MM. Digney.

Générateur d'électricité, télégraphe, accessoires de tous genres, sont contenus dans cette boîte rectangulaire, qui se déploie, comme l'indique la figure 8, au moment d'opérer. Pour lever le poste, on replie les quatre volets; la boîte se fourre dans une gibecière que l'opérateur place sur son dos. Examinons les organes principaux. En A, au

Fig. 8.

bas de la caisse, on voit le générateur d'électricité, dont le rôle doit être double. Il faut qu'il émette le courant électrique, mais il faut aussi qu'il serve de *manipulateur*, c'est-à-dire de *clef de Morse*, puisque l'appareil télégraphique inscrit les dépêches dans ce langage.

Nos lecteurs se reporteront à leurs souvenirs pour se rappeler la disposition du télégraphe Morse. Un papier se déroulant d'une manière continue, un levier en approche une pointe dont est armé son grand bras, toutes les fois que le petit bras, muni d'une armature, s'incline vers les pôles d'un électro-aimant. Aussi longtemps que passe le courant, aussi longtemps la pointe *gaufre* le papier. Or, un simple appareil oscillant ou *clef*, permet de fermer le courant, à la station d'émission, le temps que l'on veut. Et c'est d'après cette durée de contact que l'on obtient les *points* ou les *lignes* dont la coordination constitue l'alphabet Morse. Cette clef ferme d'ordinaire le courant d'une pile; ici, la fonction va être la même, il suffira d'appuyer sur la manette M un temps plus ou moins long, pour obtenir la fonction du levier inscripteur, au poste récepteur ; mais on ne fermera pas alors le courant d'un générateur d'électricité placé à l'extérieur ; c'est l'inclinaison même de la manette M qui détermine l'émission du courant. En quoi consiste ce générateur ? La manette M commande le mouvement oscillatoire d'une hélice de fil de cuivre entre les pôles des aimants A ; lorsque cette hélice s'éloigne des pôles *nord* pour s'incliner sur les pôles *sud*, l'équilibre électrique est rompu dans le circuit de l'hélice, et un courant est émis vers le récepteur.

Sur l'entablement, on voit le télégraphe Morse, tel que MM. Digney l'ont transformé pour fonctionner par les courants induits.

MM. Digney ont renversé absolument l'idée première de Morse. Dans ce premier système, on le sait, une pointe *gaufre* le papier ; il faut, pour cette opération, que l'électricité dépense une force notable, ce qui exige le déploiement d'une pile assez considérable et, en outre, l'emploi de relais et de piles locales. Dans le système Digney, le papier se déroule devant une roue dont la circon-

13.

férence est encrée et aiguisée ; la branche *t* du le.

vier soutient le papier et peut l'approcher de cette

roue ; le petit bras de levier est maintenu en équi-

libre de position entre les pôles de bobines à ar-

matures aimantées. Si un courant arrive dans ces

bobines, un pôle est renforcé, l'autre affaibli ; le

bras de levier s'abaisse vers le pôle le plus éner-

gique, et la tige *t* présente le papier à la roue

encrée, qui y produit une ligne plus ou moins

longue. On aura donc ainsi, sans déperdition de

force électrique, l'écriture en lignes et en traits

du langage Morse. On voit que le poste est muni

de tous les accessoires télégraphiques ; sur la

droite, est le parafoudre ; au-dessus, est la bous-

sole qui indique le passage du courant ; sur les

côtés, on voit les encriers, le papier, etc. Le ma-

nipulateur ou clef magnéto-électrique, dont le

poste militaire est armé, peut émettre ses courants

jusqu'à 100 kilomètres de portée ; on voit que sa

puissance est bien suffisante pour le service,

même à longue distance ; on peut, du reste, en

établir pour une portée plus grande, si cela était

nécessaire. Cette clef peut aussi servir à faire exploser les fusées Ebner ou celles d'Abel; le télé-
graphiste porte donc avec lui l'agent destructeur
des torpilles.

La première partie de la question ne laisse
donc rien à désirer : le service militaire peut disposer d'un appareil qui n'exige aucun entretien,
d'un générateur toujours prêt à fournir l'électricité, et d'un récepteur aisé à manœuvrer et d'une
fonction rapide. Il s'agit maintenant de former la
ligne et d'organiser le service. Une voiture télégraphique, signalée par un petit drapeau bleu,
sur laquelle est la lettre T peinte en blanc, suit
les mouvements de la division. Elle se place ha-
bituellement derrière un bataillon central de la
dernière ligne, mais toujours dans une position
abritée du feu de l'ennemi. Le fil télégraphique
s'enroule sur des bobines placées dans l'intérieur
de la voiture; chaque bobine enroule 1 kilomètre
de fil, et quatre bobines sont installées dans le
compartiment qui leur est affecté. Une voiture,
qui suit, a dix bobines de rechange. La soudure

des fils s'effectue presque sans arrêt, au moyen
de pièces en cuivre. Des soldats suivent la voiture
pour le dévidage des bobines; ils ont des pelles
et des pioches, et ils enterrent les fils au besoin,
près des routes sur lesquelles le circuit pourrait
être coupé par le passage des voitures. La voiture
télégraphique divisionnaire a deux compartiments;
sur le devant, se place l'opérateur, qui est à
portée des appareils.

Il fallait enfin un système de conducteur qui
formât câble et pût être filé sur le sol sans perdre
le courant, et capable aussi de résister aux accidents de choc et de foulement inévitables en telles
circonstances.

La figure 9 représente la constitution de ce
câble. Il se compose de quatre fils de cuivre juxta-
posés, recouverts par une enveloppe de gutta-percha, entourée elle-même d'étoupe cordée; le tout
est recouvert par une toile goudronnée; l'ensemble
forme un cordon de quelques millimètres de diamètre, très-flexible et pouvant suivre facilement
toutes les ondulations du terrain.

Le service de la télégraphie militaire a été inau-
guré lors de la guerre d'Italie, tant chez nous que
chez nos adversaires ; mais il fonctionna impar-
faitement de part et d'autre. Depuis, on organisa

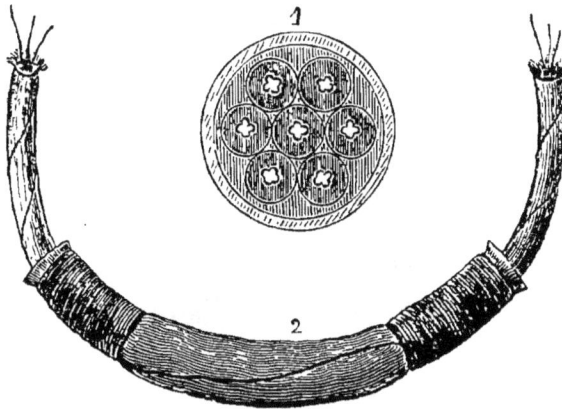

Fig. 9.

ce service d'une manière plus sérieuse ; les officiers, chefs de poste, et les sous-officiers opérateurs, furent instruits dans leurs fonctions par les
soins de l'administration des lignes télégraphiques. Puis, avec le temps, il se forma un noyau
de personnel militaire qui fut capable de distribuer lui-même l'enseignement nécessaire. L'organisation était donc définitive depuis quelques

années. Il a été même question d'organiser un
service photographique pour l'exécution des levés
de plan. Ce projet reste encore à réaliser; nous
n'en parlerons donc pas.

Mais il faut reconnaître que tout était décidément désorganisé dans l'administration militaire;
car, dès le commencement de la campagne, le
service de la télégraphie militaire était incapable
de fonctionner, le personnel n'était pas suffisamment instruit, les appareils n'étaient ni convenables ni en état. Il fallut que l'administration des
lignes françaises se mît à la tête du service pour
toute la durée de la campagne; c'est M. Hudot qui
fut chargé de cette nouvelle organisation, avec
l'aide de M. Raymond, chef de service. Les employés de l'administration firent donc la campagne
tout entière. Nous regrettons que les manipulateurs magnéto-électriques n'aient pas été employés; voici le motif : les courants d'induction
se perdent plus aisément que ceux émis par la
pile, cela en raison de leur plus grande tension;
or les câbles, traînant à terre, peuvent présenter

des causes de déperdition, insensibles pour les courants de la pile, mais suffisantes pour les courants d'induction. En outre, il faut que les lignes volantes se relient avec les lignes fixes de l'État, et on craint que ce circuit ne soit pas favorable à la propagation des courants induits. Nous pensons que ces obstacles peuvent être levés, et nous espérons que l'esprit de progrès imposera de lui-même l'emploi des télégraphes magnéto-électriques.

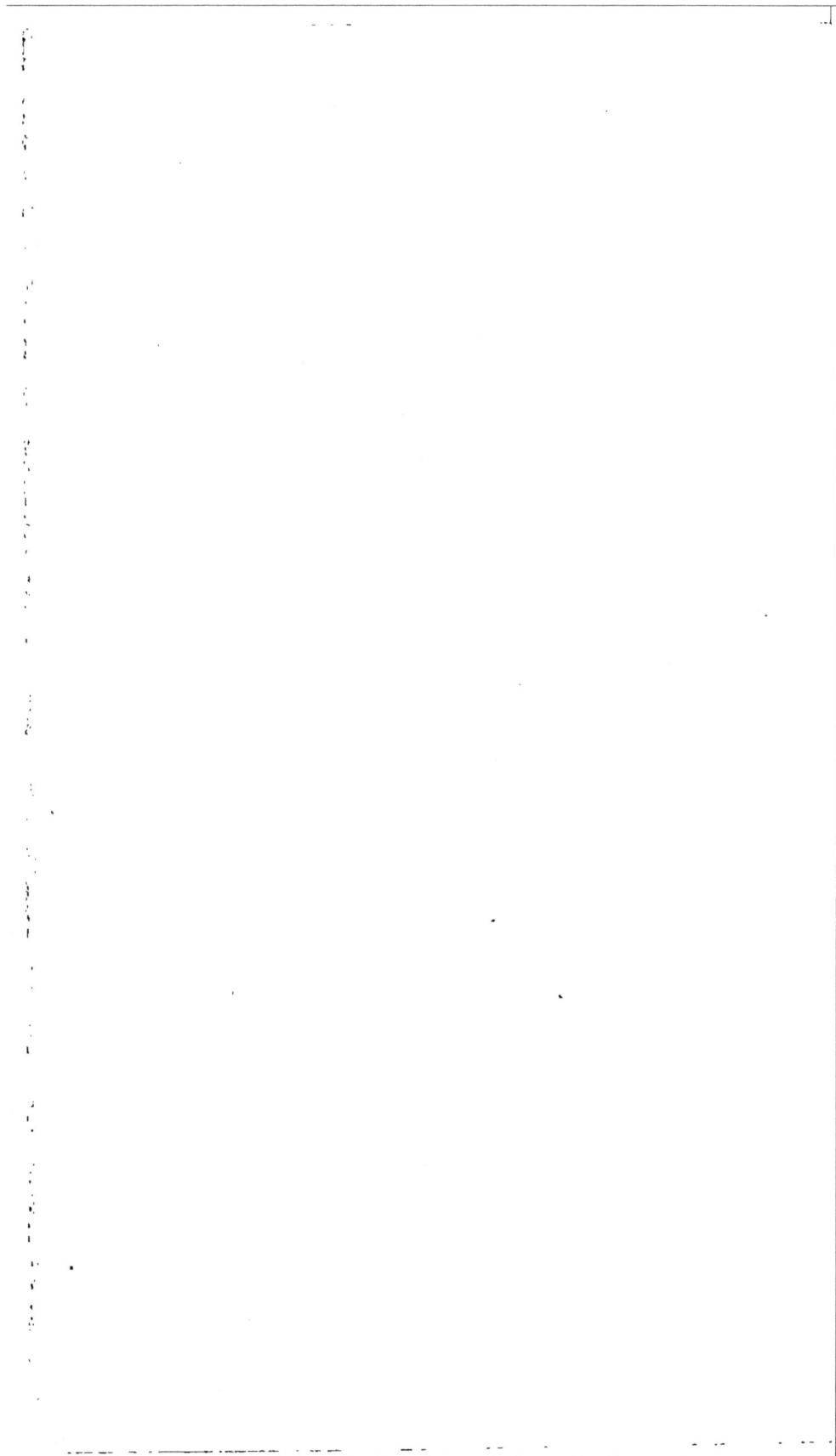

CHAPITRE VI

LES SUBSISTANCES. — LES BOUCHERIES DE NOUVEAU GENRE.
LES ALIMENTS DE NATURE INCONNUE. — SPÉCULATIONS SCANDALEUSES.
LES LAITS FACTICES. — ROLE DE LA GÉLATINE ; L'OSSEINE.
CONSERVATION DES VIANDES. — LE PAIN DE SIÉGE.
L'ASSAINISSEMENT DES LOCAUX.

M. de Bismark avait promis à son roi et à l'armée allemande que le voyage de Paris ne serait plus qu'une promenade militaire, que la grande capitale ouvrirait ses portes et traiterait à toutes conditions. Peut-être croyait-il lui-même que Paris était terrifié par la rapidité des désastres éprouvés coup sur coup par l'armée française. Mais la journée du 4 septembre dut changer le cours des idées du chancelier. Cependant espérait-il, ainsi

14

que M. de Moltke, que le gouvernement de la défense nationale ne parviendrait jamais à organiser
les Parisiens en une armée de défense, et surtout
que l'indiscipline et la révolte de ces turbulents
des faubourgs ouvriraient rapidement les portes?
Quant aux bourgeois de Paris, n'était-il pas convenu d'admettre que « huit jours sans café au lait
et sans théâtre les amèneraient à merci? » Mais,
au bout de ces premiers huit jours passés sous les
murs de Paris, les Allemands durent commencer
à croire que « l'affaire pourrait durer plus longtemps. » De part et d'autre, on ne pensait pas à
la *famine* comme moyen extrême ; assiégeants et
assiégés ne comptaient guère que sur une période
de deux ou trois mois. Paris était tranquille sur
la richesse de ses magasins; la suite a prouvé
qu'avec une sage administration les Allemands
seraient encore restés longtemps à nos portes,
et... qui sait? Enfin, « *sic voluere fata.* » Nous
ne sommes pas pour les récriminations inutiles.
Les Parisiens n'avaient nullement l'air de se trouver assiégés; les restaurants, les cafés, étaient

fréquentés comme d'ordinaire ; personne ne songeait à réduire sa table. Et, cependant, l'empereur-roi ne devait pas plus triompher à Paris qu'à Metz et à Strasbourg ; ce devait être encore son alliée habituelle, « la faim, » qui lui ouvrirait les portes de Paris et amènerait ses troupes parader dans le quartier des Champs-Élysées.

L'émotion première. Rationnement du bœuf et du mouton. — Vers les premiers jours d'octobre, une sorte de panique se répandit dans les ménages : « Le boucher refuse de livrer plus que la consommation du jour. » On alla aux informations; les groupes affluèrent aux portes des boucheries. On allait faire l'apprentissage des *queues*. Les discussions s'engagent, le tumulte se manifeste, il était impossible que ce système se maintînt; on ne pouvait traiter officieusement avec les estomacs; il était nécessaire de leur opposer un règlement. Alors parut le décret qui fixait la ration à 150 grammes, bœuf ou mouton, et qui organisait les boucheries municipales. Dès ce mo-

ment, commencent les souffrances des Parisiens;
dès ce moment aussi commence à se poser l'esprit
patriotique de cette population que l'on traitait si
dédaigneusement jusqu'alors. Sa patience fut admirable, aucun ne songea jamais à la révolte, et
cependant que d'abus de pouvoir, que de fautes
grossières furent commises par les administrations
municipales! Chaque arrondissement, chaque système d'organisation, et tous mauvais. La population avait si peu de confiance dans le talent de ses
administrateurs, qu'elle se jetait plusieurs heures
d'avance sur les boucheries municipales. Que de
fois est-on retourné sans sa ration après cinq ou
six heures de queue! Ces boucheries étaient mal
gérées, mal équipées, nullement surveillées; la
viande, encore belle, était horriblement dépecée,
le service était rien moins que ragoûtant. On avait
fermé les boucheries au lieu de s'entendre avec
les maîtres bouchers comme on l'a fait à la fin du
siége. Les cartes de subsistance étant données de
confiance, sur simple déclaration, on ne songea
qu'à la fin du siége qu'il était bien possible que

plusieurs habitants eussent fait de fausses décla-
rations! Mais, MM. les maires de Paris avaient bien
d'autres soucis! Ne leur fallait-il pas s'immiscer
dans les affaires politiques? Ils s'occupaient bien
plus de la garde nationale, de demander la *Commune*, de lancer des décrets républicains, de pré-
sider des sociétés, comités, etc., qui les rendaient
populaires, que d'administrer leurs arrondissements. Il arriva que tous ces intérêts, traités de
secondaires, furent abandonnés à des sortes d'en-
trepreneurs qui exploitèrent la situation au grand
détriment de la population. Lorsque la période
de la crise arriva, le gouvernement fut effrayé
de l'incurie qui avait présidé à cette tâche qui
devait passer en première ligne; il était trop tard.
Paris accepta de se serrer le ventre; mais il ne
pouvait regagner ce qui avait été gâché, et dame!
chacun fut colère d'avoir tant souffert, lorsque
avec du soin et de l'organisation on eût pu prolonger la défense et moins souffrir. Il est aisé d'accuser les membres de la défense nationale, quand
eux s'occupaient de leurs rôles; c'est la munici-

14.

palité qui a mal géré ses affaires essentielles en les sacrifiant à la rage de politiquer.

Le mouton dura peu, et le Parisien n'eut que fort peu de temps aussi les 150 grammes de bœuf. On arriva à 100 grammes par jour, et, en quelques jours également, la ration de bœuf descendit à 80 grammes pour atteindre enfin la limite de 33 grammes, soit 100 grammes pour trois jours. C'était la première période du siége, le temps était beau, les marchés étaient approvisionnés, les récoltes se faisaient encore aux environs, le pain restait excellent, le vin n'augmentait pas de prix, et, par-dessus tout, on espérait. Bien plus, on ne doutait pas du succès. Le bœuf baissait, on se rattrapait sur les légumes; et on se posait en brave en affirmant « qu'on se mettrait aux pommes de terre, s'il le fallait. » La seconde période allait faire cesser cette prétention !

L'hippophagie forcée. — Le cheval se présentait à l'horizon : on le vendait librement, bon marché; mais les Parisiens le dédaignaient; ils

se rappelaient encore le mépris qu'ils avaient
manifesté envers l'hippophagie, lorsque certains
amateurs voulaient en introduire la coutume en
France. En présence de la maigre ration de bœuf,
quelques braves se mirent au cheval, ils le trou-
vèrent excellent, d'autres en tâtèrent ; on s'abor-
dait en se demandant : Eh bien, et le cheval, qu'en
dites-vous? le préférez-vous en pot-au-feu ou sur le
gril? La plupart répondaient encore : Ne me par-
lez pas de cheval, vous me rendriez malade. Mais
il fallut bien y venir. Avec les dernières feuilles
d'automne s'envolèrent les espérances d'une délivrance prochaine. Strasbourg avait succombé ;
Bazaine avait livré Metz ; les Allemands décou-
vraient leurs immenses travaux ; partout on rencontrait batterie sur batterie. La première grande
sortie avait échoué, le plébiscite avait dû raffer-
mir le gouvernement menacé : Paris en avait
décidément pour longtemps. Paris se mit au
cheval, d'abord volontairement, ensuite de par
le règlement. On eut dans les premiers temps
100 grammes de cheval ou 33 grammes de bœuf ;

puis 100 grammes de cheval sans choisir, et successivement 80 grammes, 70 grammes, 50 grammes et 35 grammes. Les queues ne diminuèrent pas; les estomacs étaient convaincus qu'il leur fallait de la viande, et ils trouvaient le cheval excellent. Permettez une parenthèse : voici un fait qui établit bien la puissance de l'imagination sur la docilité de l'estomac :

Un partisan de l'hippophagie avait mis, dès le commencement du siége, sa femme et ses enfants au régime du cheval. Cette dame avait pourtant déclaré qu'elle ne mangerait jamais de cheval; aussi, lui servait-on l'animal sous le nom de bœuf, et elle consommait pot-au-feu et biftecks, s'en trouvant fort bien. Un jour, notre amateur dit à dîner : « Vous venez tous de manger du cheval; » la dame se trouva mal, elle eut une indigestion. Or ce jour-là, elle avait mangé du bœuf !

Nous citerons, pour le chien, un fait analogue. Un *omnivore*, voulant que sa famille mangeât de la viande, lui fit consommer force chiens, sous forme de gigots qu'il prétendait recevoir de ses

clients. On s'en régalait, sous l'épithète de gigots
d'agneaux : ce n'est que dans la dernière période
du siége que ce partisan de la viande quand même
avoua le nom de l'animal et l'introduisit franche-
ment dans l'alimentation de son ménage.

Voilà donc les Parisiens égaux devant l'hippophagie ; les voilà réduits, à la grande joie des Allemands, à se réjouir, *le jour de viande*, à l'aspect de cette maigre pitance de cheval que la
municipalité leur délivre. Si, le siége fini, les
boucheries de cheval ont aussi subitement disparu, il faut l'attribuer à l'absence de chevaux :
nous avons tout mangé : chevaux d'omnibus, de
fiacre, de luxe. Nous n'avons laissé à nos morts
que le strict nécessaire pour les conduire à leur
dernière demeure. Riez, Allemands, riez bien
fort; les Parisiens ont dû rager, eux si effrénés
dans leur luxe et dans leurs goûts. Non, nous
n'avons pas *ragé*. Nous avons médité en présence
des souffrances que nos femmes et nos enfants
eux-mêmes enduraient avec le plus noble courage. Êtes-vous bien certains qu'on en eût fait

autant à Berlin ? Mais nos souffrances nous auront
profité, et justice sera faite; vous avez trop abusé
de l'affreux droit de la force.

Mais continuons.

Le cheval restera-t-il exclu de l'alimentation ?
il n'y a plus de motifs plausibles qui s'y opposent.
Cette trop longue expérience a suffisamment prouvé
que la viande de cheval est très-hygiénique et
qu'elle se prête très-bien à toutes les préparations
culinaires. Il est donc à souhaiter que le goût de
l'hippophagie ne se perde pas. Dès que le marché
aux chevaux ne sera plus réduit au chômage, la
viande de cheval pourra être livrée à un prix
inférieur à celui de la viande de bœuf et surtout
de mouton et de veau ; la classe peu aisée de la
société retrouvera un système d'alimentation très-
précieux pour elle. Au point de vue de l'hygiène,
cette viande est très-salutaire à l'économie animale; pour certains estomacs, il suffirait d'alterner
le régime du cheval avec celui du bœuf ou du
mouton, par période de trois ou quatre jours.
Nous sommes à même d'affirmer que les moins

hippophages de la première période du siége admettraient parfaitement ce régime, du moment que l'économie de leur ménage y trouverait son avantage sans préjudice pour la santé.

Le chat, le chien et le rat. — Il n'était pas besoin du siége pour introduire le chat dans l'alimentation parisienne ; chacun sait que le chat est connu dans nombre d'établissements sous le nom de « lapin de gouttière, » et qui peut affirmer n'en avoir mangé? Des gourmets ont assuré très-sérieusement que le chat était réellement supérieur comme goût au lapin. Le chat exige certain talent dans sa préparation culinaire ; et, s'il est gras, s'il dédaignait de s'alimenter avec les souris et les rats, le chat est un *morceau* très-digne de figurer sur la table la mieux servie. Il est donc inutile de dire que la *chasse aux chats* a été exécutée sur une grande échelle, à la désolation extrême des amies de ces ingrats animaux domestiques. Cette chasse égayait beaucoup les loisirs des soldats qui, de nuit, *fouillaient* les maisons abandonnées des avant-postes; ces chats étaient, il est vrai, dans un bien piètre état, ils étaient réduits à l'état de squelettes; mais on n'y regardait pas de si près. Le chat, nous le répétons, n'a rien de malsain. Il n'en est pas de même du chien, lequel est sujet à de vilaines maladies de peau, et dont la viande, même à l'état sain, est difficilement assimilable.

C'est dans le quartier le plus riche de Paris, la chaussée d'Antin, que nous avons vu, pour la première fois, cet écriteau : « Boucherie de chien et de chat. »

L'impression douloureuse que nous avons ressentie sera toujours présente à notre mémoire; non certes pour l'aliment offert à notre estomac, mais pour les tristes idées qui en rejaillissaient sur l'esprit. Décidément la famine commençait. M. de Bismark n'avait pas encore ordonné le bombardement, il attendait l'*heure psychologique;* et, hélas! elle approchait à grands pas. On ne mourait pas de faim, mais les marchés se fermaient définitivement, la viande fraîche faisait place à la viande salée, à la morue, aux pois chiches, à la vesce... La viande fraîche réapparaissait les lendemains de combats : Paris profitait des chevaux tués sur les champs de bataille.

C'est un décret qui réquisitionna les chevaux ; chevaux de luxe d'abord, de travail ensuite furent égaux devant la nécessité de résister à la famine. Les chiens circulaient en liberté ; mais leur présence dans les rues excitait à la fin des récriminations et des convoitises. On les volait, non plus pour les ramener à leurs maîtres et toucher la prime de la reconnaissance, mais pour les manger, et surtout pour les reproduire sur le marché sous les noms les plus excentriques. Il faut dire aussi que, le pain se faisant rare, il était fort mal vu que des citoyens conservassent encore des chiens, dont la *pâtée* devenait une question sociale. On a assisté à des scènes de marché qui auraient été très-comiques si le moment n'eût été lui-même si effroyablement critique. Les chiens étaient déguisés sous des formes multiples. La viande canine est belle, fraîche, rosée, entourée de graisse très-

15

blanche; bien préparée, elle excite l'appétit et ne prête guère à la discussion sur l'espèce. Combien de côtelettes de chien ont été consommées sous la rubrique de côtelettes d'agneau ou de chèvre ! Un superbe chien de chasse était exposé sous le nom de chevreuil ; déjà acheté, le chaland reconnut le chien à l'état de sa queue, dont l'extraction avait été mal opérée.

La halle aux poissons était spécialement consacrée à la vente du chien et du chat. Le chien se vendait, à la fin, jusqu'à 3 fr. 50 la livre, le chat a atteint 4 francs. Les plus bas prix ont été 1 fr. 75 et 2 francs pour ces animaux. Les Allemands riaient beaucoup en disant : « Paris n'est pas encore prêt de se rendre, il a encore 80,000 rats à manger. » Cette plaisanterie nous semble un très-beau titre de gloire pour Paris. Elle constitue pour ses défenseurs un véritable certificat de civisme. Tous n'ont pu manger du rat, on le vendait même assez cher : un rat très-moyen valait 0 fr. 80; le rat des halles était considéré comme une pièce de luxe en raison de sa nourriture spéciale : « grains et fromages. » Un gourmet nous affirmait avoir mangé un *rat au macaroni* qui était exquis, il aurait cru le macaroni fourni du meilleur parmesan ; or le fromage était passé à l'état d'idéal; mais le rat provenait de la halle aux fromages, et le gaillard n'avait pas jeûné.

Nous ne dirons pas du rat ce que nous avons dit du cheval et du chat. Le rat est un aliment répugnant, mais il n'est malsain que s'il a vécu dans des milieux eux-mêmes malsains. Or les rats des halles, des greniers, etc., étant l'exception, et les rats d'égouts la généralité, c'était s'exposer à de très-graves maladies que de se nourrir de pareille viande. Les boucheries de rats ont duré plus de six semaines dans le pavillon des halles, et chez les anciens tripiers.

La nouvelle charcuterie. — Il n'a été question jusqu'ici que d'aliments *naturels*, il faut actuellement examiner quels ont été les produits de l'art culinaire qui ont invoqué le secours de la science. Dès le principe, la charcuterie a dû cesser la

fabrication de ces nombreux produits qui intéressent si immédiatement la subsistance journalière
des classes laborieuses ; jambons, saucissons,
boudins, etc., avaient disparu dès les premiers
jours du siége.

L'administration fut immédiatement saisie de
cette question, dont la solution incombait à la
science : pourquoi ne pas utiliser le *sang de bœuf*
que l'on perd si gratuitement? Il fallait que la
science répondît si ce sang pouvait être appliqué
au régime nutritif et qu'elle indiquât également
le meilleur mode d'emploi. L'utilisation du sang
de bœuf date des premiers jours d'octobre. Les
expériences furent faites par la commission d'hygiène. Elles eurent pour résultat de constater
que le sang de bœuf, seul, se prête fort bien à la
préparation du boudin; il n'en est pas de même
pour le sang de mouton, lequel exige une certaine
quantité de sang de porc.

Le boudin de bœuf fut livré dès lors à la consommation, à vente libre; malheureusement son
prix de vente fut toujours tenu très-haut, tant au

commencement qu'à la fin du siége. Le vrai boudin de bœuf constituait un aliment hygiénique et, par suite, très-précieux; mais on n'en pouvait fabriquer suffisamment pour les besoins de tous. L'exploitation frauduleuse s'empara du produit, pour son nom seulement, et livra à un prix tout aussi élevé, du soi-disant boudin de bœuf. L'habitude en fut tellement conservée, qu'alors que le bœuf était devenu un animal inconnu du monde parisien, ces mêmes marchands vendaient encore du boudin de bœuf, et ce, à 6 francs la livre! Le sang de mouton ne pouvant être transformé en boudin, la commission conscilla de faire un mélange de ce sang avec de l'oignon, du beurre et du riz. On livra, dans les premiers temps, à la consommation, des quantités considérables de ce mélange en remplaçant bientôt le beurre par la graisse.

Le boudin de cheval était la conséquence naturelle du boudin de bœuf; il n'y avait rien à dire au point de vue de l'hygiène, mais quant au goût la différence est grande. Ce produit succéda au

15.

boudin de bœuf, mais le prix fut maintenu trop
élevé.

La spéculation honteuse. — Ces produits issus
de la commission d'hygiène, exclusivement dus à
la science, eurent le malheur d'en inspirer d'autres. Le gouvernement redoutant avant tout les
inspirations que la faim pouvait susciter aux habitants, laissa faire, et un trafic abominable s'établit, basant ses opérations immondes sur la famine
qui travaillait la population. Honte éternelle à ces
marchands qui se sont coalisés avec les Allemands
pour détruire les habitants de Paris, les ruinant
et les empoisonnant pour prix de leurs dernières
ressources ! On ne peut comprendre, surtout en
présence des événements si tristes de ce jour[1],
comment ce peuple qui s'insurge si aisément
contre les chefs les plus honnêtes qu'il s'est donnés, ait supporté qu'un tel trafic attentatoire à la
santé publique fût si audacieusement pratiqué à
des taux impossibles, à ciel ouvert, pendant la pé-

[1] 18 et 19 mars 1871.

riode la plus critique du siége. C'est alors qu'apparurent chez plusieurs ex-marchands de comestibles des aliments de nature inconnue. L'aspect était répugnant, mais l'étiquette bravement plantée au centre de cette masse lui indiquait une constitution honteusement dérisoire : « Pâté de foie, Galantine, etc. » Le prix de ces poisons alimentaires était d'abord de 3 francs la livre, il a atteint 6 fr. et 8 fr. On en achetait ! Niera-t-on la famine?

Comment comprendre le mode de préparation de ces horribles aliments? Ils ont usé du sang de rebut des animaux exploités durant le siége; ils y ont mêlé des viandes hachées, viandes provenant de chien, de chat, même de rat... Ils y laissaient les os, c'est ce qui rend notre dire incontestable, car des naturalistes ont reconnu très-nettement les os de chien et de rat, qu'ils ne pouvaient confondre avec ceux de bœuf, même à l'état infime dans lequel ils se trouvaient. Le sel, le piment, le poivre, accompagnaient ces préparations, qui ont enrichi de misérables exploiteurs qui, devant leur or si mal acquis, se rient d'avoir empoisonné leurs concitoyens.

Les laits factices. — Cette période si longue et si douloureuse nous amène un autre genre de spéculation, plus honteux encore; il s'attaque aux enfants : c'est des *laits factices* dont il s'agit.

La mortalité des enfants faisant des progrès considérables, la municipalité de Paris fit appel à ses comités scientifiques pour leur demander s'il était possible, non de suppléer réellement au manque du *lait normal*, mais de déterminer une préparation qui fût susceptible d'atténuer le mal qui décimait les jeunes enfants venus durant cette terrible période. La science pouvait, en effet, donner quelques formules de produit alimentaire en se basant sur un principe d'imitation du lait normal.

Le *lait de vache* a la composition suivante :

Matière azotée. 0,0337
Beurre. 0,0376
Sucre. 0,0567
Sels. 0,0020
Eau 0,0870

Le *lait de femme* se distingue de cette composition par une dose de sel alcalin un peu plus forte (sel de soude).

Étant donnée cette formule générale, le chimiste pouvait indiquer un composé artificiel se rapprochant de cette constitution : c'est ce qui a été fait. Mais ces conseils, donnés dans de si bonnes intentions, ont été plus nuisibles qu'utiles; car ils ont engendré le commerce des *laits artificiels*, c'est-à-dire de liquides non-seulement inertes, mais le plus souvent nuisibles.

Un lait de provenance scientifique n'aurait pas, en effet, été économique; voici une formule due à M. Dubrunfaut.

On dissout dans 1 litre d'eau :

100^{gr} de matière sucrée (lactine, glucose,
    sucre de canne).
60^{gr} albumine sèche.
4^{gr} carbonate de soude.
120^{gr} huile d'olive.

L'émulsion se fait à chaud et donne une crème soluble dans l'eau. L'albumine peut être remplacée par la gélatine.

M. Fua a montré que l'huile de cheval pouvait
suppléer à l'huile d'olive, qui était impossible à
trouver. Cette huile est légère, se prête à l'émulsion et a un parfum plutôt agréable.

Scientifiquement, il est bien convenu que l'œuvre du laboratoire ne peut équivaloir à celle de
la nature, quand bien même l'analyse indiquerait
les mêmes poids des mêmes éléments de part et
d'autre; il y a ce mode d'association des principes immédiats auquel la chimie ne peut rien.
Mais enfin ce *lait chimique normal* fournissait à
l'enfant la somme des éléments nécessaires à l'entretien de ses organes; il n'en était pas de même
des liquides que livrait le commerce. Nous avons
vu une eau gélatineuse, amidonnée et additionnée de soude, figurer un lait nutritif. La spéculation s'est emparée des *laits d'amandes* phar-
maceutiques en les rapprochant du lait naturel
par l'addition de sel de soude, d'albumine dessé-
chée soluble. Les amandes étant très-chères, on a
essayé de faire usage d'amandes de noyaux divers. Le sucre n'a jamais manqué; quant à la

matière grasse, on lui substituait l'élément fantaisiste qui convenait le mieux à l'inventeur du lait.

M. Gaudin, bien connu du monde savant, proposait, pour faire cesser l'emploi de tous ces liquides vénéneux, de faire usage de bouillons de
viandes obtenus en traitant les os, sous pression,
par une vapeur à haute température ; sous l'influence de la vapeur d'eau, toutes les matières
nutritives sont extraites et le bouillon résultant
constitue un liquide légèrement compacte qui peut
être administré aux enfants à des doses modérées.

Nous ne parlons pas des laits conservés et des
laits concentrés, dont le prix n'était abordable
que pour les bourses très-bien garnies. La *farine
lactée*, dont l'usage se répand et qui rend d'excel-
lents services, avait complétement disparu.

*Conditions comparatives des ressources des as-
siégés.* — Même à la période aiguë du siége, les
personnes riches n'eurent pas à souffrir de la famine, leurs caisses seules s'en ressentaient. Jusqu'au jour du ravitaillement, leurs tables reçu-
rent poules, lapins, poissons à défaut de viande

de boucherie; voici un aperçu des prix des derniers jours :

Pàté de 2 livres, à la graisse, conte- nant du jambon et de la volaille.	40 fr.
Poularde grasse, de 4 à 5 livres. . .	60 à 80 fr.
Lapin (vivant).	50 à 60 fr.
Poule (vivante).	50 à 40 fr.
1 œuf	1 50 à 2 fr.
Poissons (1 goujon).	1 à 1 fr. 25
— (1 carrelet)	5 à 4 fr.
— saumon (la livre).	60 fr.

Pour les bourses moyennes on a vu apparaître,
vers la fin du siége, des pâtés de bœuf, au prix de
5 et 4 francs la livre.

Le cheval subit également plusieurs préparations, toutes moins ragoûtantes l'une que l'autre ·
c'est alors qu'apparurent les boudins, les an-
douilles, les galantines de cheval, que l'estomac
ne peut se rappeler sans bondir d'indignation; et
pourtant on payait fort cher les produits de cette
chimie culinaire de bas aloi.

La classe moyenne, celle qui vit convenablement d'ordinaire en travaillant, était littérale-

ment aux abois : la famille était réduite au pain,
ayant épuisé les quelques provisions que la bourse
avait permis de faire, et ne trouvant plus rien de
ces produits d'épicerie, chocolat, miel, pâtes, etc.,
qui permettaient d'oublier que la table n'était
pas garnie. Il est toujours resté des *confitures*,
mais quel trafic infâme ont entrepris ces épiciers :
nous allons voir bientôt sur quel pied s'est préparée la gélatine ; nous allons dire comment les
cadavres des malheureux chevaux ont pu nous
alimenter. La plus grande partie des confitures,
dès le milieu du siége, n'étaient autre chose que
cette gélatine mélangée à de la mélasse et colorée
à l'orseille. Ces honteux spéculateurs vendaient
encore ce mélange 1 fr. 20 et 1 fr. 40 la livre !
Les malheureuses mères de famille, toutes déso-
lées de donner du pain sec à leurs enfants, es-
sayaient de calmer leur douleur en leur servant
ce déplorable produit de la spéculation.

Certes, oui, la classe moyenne, composée d'employés, de petits commerçants, de petits rentiers,
a beaucoup souffert, et elle a été très-courageuse.

Elle a réellement souffert la faim et elle ne pouvait ni ne voulaitêtre secourue. Nous ne dirons rien
contre le patriotisme de la classe ouvrière, mais
ses souffrances ont été moindres. L'ouvrier, devenu garde national, touchait 1 fr. 50, sa femme
75 centimes, et souvent son enfant 1 fr., comme
pupille, et encore il obtenait des bons de pain et
des bons de cantine. Certainement nous avons vu
aux queues des cantines nationales des personnes
dont l'aspect était poignant; on sentait que, pour la
première fois de leur vie, elles étaient contraintes
à demander assistance à la société; probablement
les ressources ne pouvaient plus leur arriver par
l'effet du blocus de Paris; mais, sauf ces cas
exceptionnels, les cantines étaient surtout fréquentées par la classe ouvrière. Un grand nombre se disaient que la Ville ne faisait que son
devoir en les nourrissant. *Trop donner* et *mal
distribuer* ont toujours été les défauts dominants
de l'administration municipale.

L'alimentation des cantines a toujours été entretenue avec du bouillon excellent et de la viande de première catégorie : l'administration n'a même pas voulu accepter partout le secours que la science lui offrait en lui proposant l'emploi de l'osséine, produit si bien préparé par l'excellent artiste en pâtisserie, M. Pons ; et pourtant, elle eût réalisé une économie notable, tout en continuant de fournir à ses habitués un potage des plus nutritifs. L'organisation matérielle des cantines était excellente, le service généralement propre, le matériel convenable : un système de *boîtes à chaleur* permettait de maintenir le pot-au-feu à point pendant de longues heures, tout en économisant le combustible. On pouvait avoir aux cantines et emporter chez soi du bouillon et de la viande à très-bas prix ; mais cette faculté fut bientôt retirée, tellement le nombre de personnes secourues s'accroissait rapidement.

La consommation des graisses, suifs et huiles en guise de beurre. — Une grande privation dans les ménages fut le manque de beurre : en peu de jours il disparut complétement, et très-peu de

personnes en avaient fait provision. La petite quantité qui restait était livrée à des prix fantastiques:
la livre a atteint le prix de 50 et 55 francs. On a
d'abord consommé des graisses fines de volaille,
la belle graisse de veau; on a fait la cuisine à
l'huile; mais, quand on se trouva face à face avec
le suif et les huiles communes, que devenir? La
chimie vint en aide à l'art culinaire.

Le suif le plus infect est dépouillé de son odeur
caractéristique quand il a servi à l'opération culinaire connue sous le nom de friture, et, après
un traitement de ce genre convenablement dirigé,
il peut servir à toutes les préparations culinaires,
même à celle de la pâtisserie.

Ces faits trouvent dans la science une explica-
tion satisfaisante. Il résulte, en effet, d'expériences
que l'huile de poisson est dépouillée radicalement
de son principe odorant par un simple chauffage
à haute température (550°). Les acides gras dis-
tillent dans un courant de vapeur d'eau à une
température supérieure à 100°, alors que les
corps gras neutres restent fixes dans les mêmes

conditions. Tous les corps gras se comportent comme les acides gras sous l'influence d'un courant de vapeur d'eau quand ils ont été préalablement chauffés à la température de 300 à 330°. Ces faits étant rappelés, le phénomène d'épuration, par voie de friture, est facile à expliquer. La température maxima, utile aux bonnes fritures, ne dépasse pas 210 à 220°. La préparation se fait alors dans le minimum de temps et le produit absorbe aussi le minimum de corps gras. Les fritures effectuées aux températures de 150 à 160°, qui s'emploient fréquemment, usent le maximum de corps gras.

Tous les suifs qui sont livrés à la consommation par les fondeurs sous le nom de *suifs de bouche* ou de *graisses épurées*, sont plus ou moins odorants; ils le sont cependant moins que le suif normal, et ils sont, en outre, mieux dépouillés des tissus membraneux du suif en branche. Aussi, ces produits ont-ils pu être admis dans la cuisine, à condition d'une épuration nouvelle.

Pour appliquer ces suifs à l'art culinaire, il suf-

16.

fit de faire fondre la matière dans une poêle à
frire, d'en élever modérément la température
(140 à 150°), puis d'y projeter avec précaution
de petites quantités d'eau, comme on peut le faire
avec un goupillon. Le corps gras subit ainsi le
mouvement d'ébullition de la friture ; la vapeur
le traverse à l'état de vapeur surchauffée, les
corps gras neutres, qui, à l'exemple de l'*hircine*
(principe dominant de la graisse d'ours), donnent
des acides gras volatils, sont en même temps aci-
difiés et volatilisés, et la masse du corps gras se
trouve ainsi épurée. Grâce à cette simple méthode
d'épuration, Paris a consommé les masses de suif
à chandelle qui abondaient dans ses magasins.
C'est ce qui permit aux Parisiens de fabriquer une
variété d'aliments à bases de farine et de graisse.
Le commerce libre de la farine ne fut interdit que
dans le courant de décembre 1870. Les princi-
pales formes adoptées furent : *la pâte de pain,
faite à la graisse ; la crêpe vulgaire* (farine, eau
et graisse), les délicats l'additionnaient de rhum
et de sucre ; les pets-de-nonne, boulettes de pain

sucré, projetées dans la graisse bouillante; les beignets, autre forme de farine, avec absence de pommes.

Paris se gorgeait d'huile de colza. Or, comme l'huile et l'essence de pétrole abondaient, on appliqua ces dernières au service de l'éclairage, tandis que l'huile de colza fut épurée pour servir à l'alimentation. L'huile de colza fut, pour Paris, une ressource non moins précieuse que le suif.

M. Wurtz a fait une observation très-précieuse. En dirigeant un courant de vapeur d'eau à 116° ou à 120° dans l'huile de colza, cette vapeur entraîne le principe odorant de l'huile sans la décomposer, inconvénient qui incombe à la vapeur surchauffée. Ce dernier traitement en nécessite un autre assez complexe, tandis que, dans le premier cas, l'huile n'exige que d'être lavée avec une eau légèrement additionnée de carbonate de soude.

Paris possédait de 12 à 15 millions d'huile dans les magasins de Saint-Ouen et de la Villette.

Les comestibles osseux ; gélatine et osséine. — La période de la crise arrivée, chacun était terrifié en présence de cette grave question : Que va-t-on manger? que vont devenir ces nombreux prolétaires qui n'ont plus d'autre travail que celui de défendre Paris? qu'acheter, en somme, avec les 1 fr. 50 que l'État délivre en se saignant à tous les membres? La science répondit, à ce suprême appel : « Mangez ce que vous jetiez aux chiens, *mangez les os.* » Paris a mangé les os de ses chevaux ; on équarrissait le cheval et on abandonnait son cadavre ; on a désormais mangé ce brave animal sans en perdre 1 *gramme.*

Il y a longtemps que les chimistes se préoccupent d'extraire des os un principe assimilable à l'économie animale. L'origine de l'histoire de la gélatine date de la publication des travaux de Denis Papin *sur la manière d'amollir les os et de faire cuire toutes sortes de viandes en fort peu de temps et à peu de frais.* Il s'agit du *digesteur.* En 1682, Papin obtenait une gelée d'os qui était nutritive. En 1750, Claude-Joseph Geoffroy se propose de déterminer ce que l'eau bouillante enlève aux viandes. Il soumet les os à l'action de la vapeur, mais aucun de ses travaux n'amène une conséquence pratique.

C'est en 1758 que Hérissant fit connaître d'une manière très-exacte la nature chimique des os. En les traitant par l'eau aiguisée par l'acide nitrique, il obtenait une matière insoluble, conservant la forme de l'os, flexible, de nature organique, tandis que l'eau acidulée avait emporté une matière calcaire (non définie alors). Il était donc établi que l'os est formé d'un tissu organisé et d'une matière calcaire.

En 1775, Changeux, dans une étude générale *sur la Fusibilité et la dissolubilité des corps*, revient aux matières osseuses, et il dit : « Quelques cuillerées de poudre d'os de bœuf, de veau, etc., fourniront une quantité énorme de gelée, qu'on assaisonnera avec du sel, des aromates, etc. »

En 1791, Provost (d'Angers) publia un opuscule intitulé : *Recherches sur les moyens d'améliorer la subsistance du soldat*. Ce savant étu-

dia les produits que pouvaient donner les os du
squelette des divers animaux ; il obtenait des gelées qu'il desséchait de manière à former des
pastilles de bouillon; c'est-à-dire que ces pastilles
se dissolvaient dans l'eau bouillante et formaient
un liquide nutritif. Provost reconnaît que, pour
une bonne alimentation, il faut associer ces pastilles avec d'autres substances alimentaires qui
complètent leur action sur l'économie animale.
Il donne la recette d'une soupe : « La gelée d'os
fait une soupe excellente avec des pois chiches,
des choux, des navets et des carottes. » Une vraie
julienne. — Durant le siége, le prix d'un *navet*
eût rendu la recette digne de la bourse d'un mil-
lionnaire.—Il fallait se contenter du bouillon d'os
avec quelques traces de ces feuilles de choux que
les lapins dédaignaient, et que les ménagères se
disputaient à des prix fabuleux. — Une *feuille*
tachée, trouée, rabougrie, 0 fr. 10 cent. Le blanc-
manger de Provost est ainsi conçu : 450 grammes
de gelée, et 50 grammes de sucre, légère addition de sel.

Vinrent ensuite les travaux de d'Arcet, sur la gélatine, en 1820, et qui firent tant de bruit dans la science et dans l'industrie. Le fait principal des travaux de d'Arcet sur la gélatine est de l'avoir séparée des os au moyen de la vapeur d'eau à haute pression. Il y avait là une véritable économie sur l'ancien procédé. D'Arcet chercha et trouva divers emplois à la gélatine; mais, encore à cette époque, les *soupes économiques* fournies par une société industrielle ne purent réussir.

Les tristes événements qui constituent le siége de Paris conduisirent M. Frémy, le savant professeur du Muséum d'histoire naturelle, à reprendre les travaux relatifs à la matière organique des os, et ce savant arriva à distinguer la *gélatine* de ce qu'il nomme l'*osséine.*

La *gélatine* est un corps qui n'existe pas tout formé dans l'organisme; il est le produit d'une transformation chimique; il résulte de l'action de l'eau et de la chaleur sur le tissu osseux; la gélatine est complétement soluble dans l'eau. —

L'*osséine* est insoluble dans l'eau, et elle est réellement organisée. Ces deux substances, gélatine
et osséine, sont isomères comme le sont l'amidon
et la dextrine. L'osséine est le tissu osseux qui a
perdu ses éléments calcaires ; on peut l'as imiler
aux tendons, à la peau, et même aux tissus fibri-
neux. Ces quelques explications font comprendre
la différence considérable qui, au point de vue de
l'alimentation, peut exister entre la gélatine et
l'osséine. — Dans l'acte digestif, une substance
insoluble comme l'osséine doit se comporter autrement que la gélatine, qui est soluble.

Comme la pluralité des aliments, l'osséine ne
peut être employée seule ; elle ne diffère pas, sous
ce rapport, de la fibrine, de la caséine, de l'albumine, qui ne deviennent des aliments qu'à la
condition d'être associées à d'autres corps qui
complètent leur action physiologique. Mais l'osséine peut jouer dans l'alimentation le même rôle
que les substances azotées qui forment la base de
notre nourriture.

L'osséine, avons-nous dit, est la matière osseuse

moins les sels calcaires qui l'accompagnent. Voici comment on l'obtiendra industriellement. Il suffit de scier en lames minces les os une fois dégraissés, et de les soumettre pendant quelque temps à l'action de l'acide chlorhydrique étendu d'eau. Le résidu organique, après lavages et dessiccation, n'est autre que l'osséine; ce corps, ainsi préparé, peut se conserver indéfiniment.

Quant aux eaux acides qui résultent de cette opération, elles ne sont pas sans valeur, elles laissent précipiter du phosphate de chaux que l'agriculture utilise aujourd'hui avec un grand succès.

L'osséine doit ensuite être purgée de toute trace d'acidité qui nuirait à sa qualité de comestible. On peut lui faire subir l'action d'une eau de chaux étendue, ou d'un bain de carbonate de soude; on procède ensuite à un lavage définitif.

Le produit ainsi extrait des os est dur, élastique et coriace; sous cette forme, il ne serait pas comestible. Sous l'action de l'eau bouillante, la matière se gonfle et se transforme en une sub-

17

stance molle, qui a toutes les analogies possibles
avec une foule de tissus recherchés dans l'alimentation.—Les os provenant des abatages peuvent
rendre 55 pour 100 d'osséine, matière qui contient 40 pour 100 de principes azotés assimila-
bles.

Pour employer l'osséine comme aliment, on
la laissera gonfler lentement dans l'eau froide,
puis on la fera bouillir, pendant une heure
environ, dans de l'eau salée et aromatisée par
les procédés ordinaires. Cette eau dissout la gélatine qui accompagnait l'osséine, et elle peut servir à la préparation de certains aliments; elle fait
du reste un excellent potage. L'osséine peut ensuite être accommodée de différentes façons. Il faut
noter ce point important que, sous l'influence de
l'eau chaude, l'osséine gonfle de manière à fournir une masse de 250 grammes pour 100 grammes de matière sèche.

Lorsque, vers la fin du siége, la population
riche comme pauvre s'intéressa à l'osséine, M. Bon-
neville, qui en avait entrepris la préparation en

grand, pouvait la livrer au prix de 1 franc le kilogramme.—On pense combien le prix doit dif-
férer par les temps ordinaires, alors que l'exploitation n'a plus seulement cours sur les seuls cadavres
des malheureux chevaux, notre unique ressource
durant le siége.

Mais, si M. Frémy avait trouvé un nouvel aliment capable de prolonger la résistance de Paris
contre la faim, il lui fallait encore le faire accepter; c'était tout aussi difficile.—Le chimiste avait
besoin d'un collaborateur très-habile dans l'art
culinaire, et qui sût comprendre l'importance
du but qu'il fallait atteindre. M. Pons, pâtissier-
confiseur, bien connu du monde gastronomique,
se montra l'homme de la circonstance. Sous ses
heureuses inspirations, l'osséine subit toutes les
métamorphoses possibles. Il n'est pas exagéré de
dire que M. Pons pouvait offrir un dîner complet,
avec tous ses services et entrées, rien qu'avec les
différentes formes qu'il sut donner à l'osséine.—
En première ligne, nous citerons le *bouillon* qui,
aromatisé artistiquement, peut être confondu avec

le meilleur consommé. Le bouillon d'osséine n'é-
tait pas seulement propre au service des *cantines*,
mais il était également bien reçu sur les tables les
plus bourgeoises, se prêtant aussi bien que le
bouillon de viande, à la confection des potages les
plus divers.

Le bouillon d'osséine pouvait être livré par
M. Pons aux cantines nationales, au prix de 0 fr.
40 centimes le litre; il est à regretter que l'administration municipale n'ait pas profité de cette
proposition.

L'osséine se présente à l'état gélatineux, elle se
distribue sous forme de tendons visqueux, élasti-
ques, qui se mastiquent aisément, sans dégoût,
mais dont le caractère insapide ne peut se tolérer;
il fallait réellement un vrai talent culinaire pour
lui approprier des états comestibles. — Le grand
succès de M. Pons a été la *croquette;* c'est une préparation vraiment très-heureuse de l'osséine ;
elle ressemble assez aux pieds de cochon, seulement on la fait frire.— Pour 0 fr. 50 centimes, on
s'assimilait une dose suffisante de matière nutri-

tive. — La *tête de veau* à l'osséine n'est autre que la carcasse osseuse absolument dénudée de toute matière charnue; pour les amateurs, avec une sauce bien faite, il n'y a guère de différence. — Le pâté d'osséine, truffé ou non, constituait un aliment des plus nutritifs, et certes, quoique peu savoureux en comparaison des pâtés de volaille ou autres, il eût permis de lutter longtemps contre la faim. — Pour les gourmets, M. Pons avait imaginé deux gâteaux à l'osséine, qui eurent le plus légitime succès. Ils avaient le double mérite, d'être hygiéniques et nutritifs, et de permettre la consommation facile et profitante du riz, des farines, des purées de tous genres.

L'osséine aura donc rendu de réels services, pour l'alimentation de Paris, pendant le siége.

Voici quelques documents intéressants à joindre à l'histoire de l'hippophagie.

Les juments offrent la chair musculaire la meilleure; viennent ensuite les chevaux hongres, s'ils ne sont pas trop amaigris ou trop âgés; les produits obtenus des chevaux entiers occupent, dans cette application, le dernier rang. D'après les expériences, si longuement répétées durant le siége, on a pu reconnaître que les chevaux abattus en bon état donnent un rendement en viande nette supérieur à celui des bœufs, suivant le rapport de 60 à 100. Suivant les essais en grand dirigés par M. Lesens, chef des salaisons de la marine, la viande de cheval se prête à l'égal de celle du bœuf à la meilleure méthode de salaison, tandis que, sous l'action du sel marin, la chair de mouton cède une telle quantité de liquide, qu'elle devient fibreuse et peu sapide. M. Payen a comparé entre elles les substances que l'on pouvait obtenir économiquement des os du bœuf et du cheval, et plus particulièrement les graisses contenues dans les cavités des différentes parties du squelette de chacun de ces animaux. — Les matières grasses extraites de chacune de ces parties offrent des points de fusion différents chez le même animal, plus différents encore entre les deux espèces.

Pour les graisses de cheval. — La substance

extraite des tissus adipeux, consistante à 15°, était fusible à 16° ou 18°; son odeur, à peine sensible, était plutôt agréable, celle de la pomme. — Les extrémités renflées abandonnent une huile qui est exempte de toute odeur sensible et qui reste fluide jusqu'à 7°. Ainsi que les deux autres, ses propriétés organoleptiques agréables lui assignent un rôle très-utile dans les produits alimentaires. Ces substances sont évidemment susceptibles d'être associées en diverses proportions avec les graisses de bœuf et de mouton, extraites à l'état frais, afin de modifier favorablement à volonté leur consistance et d'améliorer très-notablement leurs propriétés organoleptiques.

M. Payen s'est également préoccupé des circonstances physiologiques qui peuvent faire varier les qualités de ces produits; et il ressort de son étude si approfondie du squelette du cheval comparé à celui du bœuf, que les substances grasses et huileuses extraites du cheval offrent des caractères organoleptiques bien supérieurs à ceux qui proviennent du bœuf.

Le commerce, du reste, a consacré le dire de la science, car la graisse de cheval a été toujours cotée bien plus haut que celle de bœuf.

Conservation des viandes, des grains, des légumes. — La conservation des viandes était une grave question, et on doit regretter que tout se soit passé en expériences. On a beaucoup perdu de matériaux nutritifs qui auraient soulagé bien des misères. — L'Académie des sciences et les comités scientifiques ont été saisis de nombreux projets relatifs à cet important problème; mais l'administration seule pouvait encourager, d'une façon efficace, les expériences *en grand*. — Nous devons cependant citer les principaux procédés que la science offrait à l'Administration pour permettre d'utiliser les chevaux qu'elle abandonnait sur le champ de bataille, par crainte de ne rentrer à Paris que des cadavres pestilentiels. — M. Baudet a commencé ses travaux dès le 18 octobre 1870, et il a étudié les effets de l'*eau phéniquée*, appliquée sur les viandes, à des doses di-

verses. — L'auteur a invoqué deux méthodes. —
La première consiste à immerger la viande dans
l'eau additionnée d'acide phénique à des doses
variant de $\frac{5}{1000}$ à $\frac{1}{1000}$. — La viande est placée dans
des boîtes disposées en conséquence et dont le
fond contient des charbons de bois dont l'effet est
d'absorber les gaz que la viande dégage.

Voici les résultats obtenus :

A $\frac{4}{1000}$ d'acide phénique, la viande est bien conservée, elle a une teinte noirâtre.

A $\frac{3}{1000}$, la teinte de la matière est rose pâle.

A $\frac{2}{1000}$, le bœuf conserve sa véritable nuance.

A $\frac{1}{1000}$, la teinte devient d'un rose très-appé-
tissant, la viande est parfaitement conservée.

Les expériences ont duré treize semaines, elles
étaient donc très-concluantes.

Dans la seconde méthode, on fait absorber l'eau
phéniquée à du charbon animal concassé ; la
viande est disposée entre des lits alternatifs de ce
charbon concassé, le tout étant renfermé dans des
caisses en fer-blanc. A ces caisses on peut substi-

tuer des sacs en caoutchouc, le principe est le même et les résultats peu différents.

M. Ch. Tellier part d'un principe qu'il considère comme absolument rigoureux en fait de conservation des substances animales. Ce principe consiste à opérer sans addition de matières étrangères. Il permet donc de livrer de la viande conservée, absolument pure de toute matière antiseptique. M. Ch. Tellier indique deux méthodes : l'une a pour objet l'emploi unique du froid ; elle doit être appliquée à la viande destinée à la consommation rapide dans les grands centres ; la seconde, basée sur l'application du vide, fournira plus particulièrement les viandes destinées au service des armées et de la marine.

Le procédé *par le froid* consiste à maintenir à 0°, à — 1° au plus, la température du local dans lequel est emmagasinée la viande. Lorsqu'elle est sortie de cette atmosphère, elle peut rester près de 48 heures à la température ambiante sans s'altérer, ce qui constitue le temps largement suffisant pour la vente et pour la consommation. — Ce procédé si simple ne nécessitait pas d'installation spéciale, vu les froids terribles qui ont présidé à la plus grande partie du siége. Mais, il faut s'entendre sur le mode d'application du froid, — M. Tellier ne fait pas usage de glace, laquelle donnerait un *froid humide* plus nuisible qu'utile. Il invoque un courant d'air qui a pris, par suite de sa circulation à travers une enceinte, une température de — 8° à — 10°. — Ces magasins d'air, en voyage, seront la cale du navire ou le wagon.

Le procédé, *par le vide*, consiste à placer la viande dans le vide, en présence d'un absorbant : chlorure de calcium, acide sulfurique, etc.; mais de manière à éviter tout contact entre la viande et l'absorbant. — On opère au sein d'un appareil formé de deux capacités distinctes, réunies par un tube à large section, dont l'une reçoit la viande et l'autre l'absorbant. — Comment faire le vide? Il faut qu'il soit opéré à basse température, car, même dans le vide, la viande s'altère à 30° ou 40°. Voici comment l'auteur opère pour

obtenir le vide le plus parfait. — On commence
par purger l'air de l'enceinte à l'aide d'une puissante machine pneumatique ; puis on introduit
dans le récipient de l'acide carbonique, son
atmosphère contient donc environ $\frac{3}{100}$ d'air restant pour $\frac{97}{100}$ de gaz carbonique. On vide encore.
On peut renouveler l'opération une deuxième fois ;
l'atmosphère ne consiste guère plus qu'en acide
carbonique. En introduisant dans le récipient une
solution de potasse, tout ce gaz est absorbé, et le
vide le plus absolu est obtenu.

M. Tellier avait monté une usine, quand le
siége a commencé, et on doit espérer que cette
industrie si utile prendra racine.

Le principe de conservation s'étendait naturellement aux grains, aux légumes, aux herbes de
toutes espèces. M. Buchanan proposait, dans son
procédé, d'enlever aux végétaux l'humidité qu'ils
possèdent, en les soumettant à l'action d'un courant d'air froid et sec. Il suffit de comprimer de
l'air désséché dans un gazomètre, de refroidir cet
appareil par une enveloppe pleine d'un mélange

réfrigérant, et de diriger ensuite cet air dans la
chambre qui contient les légumes, herbes, etc. —
L'expérience a prouvé que les légumes ainsi conservés gardent, à très peu près, leur goût et
leur saveur, et qu'ils ne perdent rien de leur
caractère nutritif.

M. Louvel a également expérimenté l'action du
vide sur les grains, et on relève, dans ses expériences, un fait très-intéressant : des charançons
ont été mêlés avec les grains, ils sont morts, et les
grains n'ont pas été altérés. — Ces grains soumis
à la meule ont fourni une très-belle farine ; ils
ont en outre très-bien germé. — L'expérience a
tout aussi bien réussi avec les grains de blé,
d'avoine et de colza.

L'assainissement des locaux. — La ruine n'est
pas le seul effet secondaire qui résulte de la guerre,
il faut compter aussi avec la peste et autres épi-
démies contagieuses. Le siége de Paris a duré
cinq mois ; on a livré quatre grandes batailles et
dix-huit combats meurtriers. Il ne s'est pas passé

18

de jour sans un incident d'avant-poste; le nombre
des victimes, ensevelies dans le réseau de Paris,
est donc considérable. Si on considère l'accroisse-
ment de la mortalité à Paris, pendant le siége, le
trop plein des cimetières, qu'il a fallu pourtant
rouvrir et la formation de ces vastes cimetières
sur les collines qui environnent la ville, on com-
prendra à quel péril nouveau la population se
trouve encore exposée[1].

Pendant le siége, la population de Paris a été
vivement éprouvée au point de vue de son état
sanitaire : la variole a sévi violemment; le choléra
est revenu à diverses reprises ; la famine a causé
des maladies, toutes mortelles; il n'est pas exagéré
de dire que l'atmosphère respirait la mort. Les
hôpitaux regorgeaient; les ambulances de l'administration se déchargeaient sur les ambulances
privées. A la fin du siége, on avait, partout, bles-
sés ou malades. Le dévouement fut grand, mais
on ne pouvait espérer que la science pratique fût

[1] Cette question a singulièrement accru d'intérêt depuis les
batailles livrées sous la Commune.

partout à sa hauteur. A ce point de vue, on doit regretter que l'administration n'ait pu régler l'élan de la charité publique.

Dans l'état de choses actuel, il est urgent de prendre toutes les mesures possibles contre le nouvel ennemi qui nous menace, l'épidémie. La précaution première est d'assainir tous les locaux qui ont servi d'ambulances, car bien peu n'ont pas eu de cas de variole, ou de choléra, ou de maladie putride.

Les antiputrides : acide hypoazotique, acide phénique, chlore, ozone. — L'Académie des sciences a été consultée dans cette circonstance si grave, et elle a rendu une sorte d'ordonnance sur les procédés d'assainissement que la science était à même de conseiller. La commission était composée de MM. Payen, Bussy, Laugier, Nélaton. Voici les principaux documents qu'on y relève :

Les antiputrides que la science permet d'employer, sont : l'acide hypoazotique, l'acide phénique, le chlore.

L'acide hypoazotique, dont chacun connaît les
vapeurs rutilantes, est dangereux à manier ; mais
il détruit les matières organiques avec la plus
grande énergie : c'est en raison de cette propriété
que l'on propose son action contre les miasmes
putrides. Mais, il faut apporter dans son mode
d'application un soin tout spécial, car ce serait
le cas de dire « que le remède est pire que le
mal. »

L'acide hypoazotique est le produit de la réoxy-
dation, à l'air, du bioxyde d'azote qu'engendre
la réduction de l'acide azotique par le cuivre. Le
mode de préparation est très-simple : dans une
terrine, on verse de l'eau acidulée par l'acide nitrique, et on soumet le cuivre à l'action corrosive
de ce liquide ; les vapeurs rutilantes se dégagent
autour du récipient.

Les proportions indiquées sont :

Eau.	2 litres.
Acide axotique.	1500 grammes.
Cuivre en tournure.	300 —

La pièce est soigneusement calfeutrée ; une terrine ainsi chargée convient pour l'assainissement d'un espace de 50 à 40 mètres cubes, correspondant à celui occupé par un lit. Il est également entendu que la pièce doit avoir été évacuée de tout ce qui est métallique, car cet acide est le grand rongeur des métaux.

L'acide phénique, si préconisé pour les pansements, est également proposé pour l'assainissement : ses vapeurs sont mordantes et tuent les animalcules qui constituent nos parasites domestiques. En partant de ce principe, il était possible de se demander si cette vapeur acide ne serait pas efficace contre les miasmes putrides, qui déterminent les maladies contagieuses.

L'acide phénique peut être employé sous deux formes : celle *liquide*, au moyen d'irrigations d'eau chargée de $\frac{1}{1000}$ d'acide phénique ; celle *gazeuse*, à l'aide de sciure de bois imprégnée d'acide phénique aussi concentré que possible, en admettant la proportion de 1 kilogramme d'acide phénique pour 5 kilogrammes de sciure de bois.

18.

On pourrait encore dissoudre des cristaux d'acide phénique dans 50 p. 100 d'eau, et employer l'eau phéniquée à humecter les planches et les boiseries des pièces attaquées par les émanations varioliques.

Le *chlore* est l'agent le plus anciennement employé; chacun sait que c'est l'élément purificateur des *Vespasiennes* et des *lieux d'aisance*, et qu'on l'emploie pour assainir les *chambres mortuaires*. Il est donc tout naturel de recourir à son intervention pour tenter de détruire les traces miasmatiques qui altèrent les atmosphères encloses. Le meilleur mode d'application du chlore consiste à placer, dans une terrine, un sac contenant 500 parties de chlorure de chaux[1] et à faire agir sur cette matière 1 litre d'acide chlorhydrique.

Il y a un autre élément dont nous recommanderons l'étude à ce point de vue, c'est l'*ozone;* la commission est muette à cet égard : à la vérité, elle ne possédait pas de physicien dans son sein.

[1] Chaux éteinte qui s'est saturée de chlore par voie d'absorption directe.

Nous essayerons d'établir, le plus brièvement possible, ce qu'est l'ozone et ce que l'hygiène peut attendre de ses effets.

En 1785, Priestley signala la modification que l'air subit sous l'influence de l'électricité ; puis van Marum, dans le cours de cette même année, étudiant l'action sur l'air des étincelles émises par une puissante machine électrique, se résume ainsi : « En traversant cet air, nous remarquâmes qu'il avait pris une odeur très-forte qui nous parut très-clairement être l'*odeur de la matière électrique*. — Van Marum insiste sur la faculté comburante de ce *principe électrique* et sur l'action qu'il exerce sur les matières organiques. — Déjà, à cette époque, on avait émis l'idée que l'étincelle électrique pourrait purifier l'atmosphère. — C'est soixante ans plus tard, en 1840, que Schœnbein commença ses belles recherches sur l'oxygène électrisé et qu'il mit surtout en évidence le caractère d'*activité surexcitée* de ce gaz, lorsque le courant électrique le sépare de l'eau. — Cet illustre savant baptisa du nom d'ozone le

gaz ainsi extrait de l'eau, à cause de son odeur
caractéristique. Ce gaz se caractérise, en effet, par
une odeur qui rappelle célle du phosphore humide, mais que les physiciens exercés distinguent
nettement. Schœnbein montra que cet oxygène est
insoluble dans l'eau ; qu'il détruit les matières
colorantes, ligneuses, albuminoïdes, et qu'il est
éminemment oxydant, tellement qu'il transforme
immédiatement l'acide sulfureux en acide sulfurique ; qu'il oxyde l'argent à froid... — Le nouvel
oxygène excita l'étude attentive de plusieurs physiciens et chimistes. MM. E. Becquerel et Frémy
montrèrent que l'oxygène pur, en vase clos,
acquiert toutes ces propriétés lorsqu'on le foudroie
par une série d'étincelles électriques. — L'ozone
n'est donc que l'oxygène *surexcité* par l'électricité.
D'autres savants constatèrent même que dans ces
circonstances, les caractères physiques de ce gaz
ont changé, notamment sa densité. — M. Mari-
gnac apprit que l'air qui a passé sur du phosphore acquiert, en partie, les propriétés de l'ozone.
M. Houzeau indiqua une préparation chimique de

ce corps en décomposant le bioxyde de baryum par l'acide sulfurique. M. E. Saint-Edme montra que dans toutes les circonstances où il y a une *double affinité* vaincue, l'oxygène qui se dégage a le caractère d'*ozone*.

Mais la grande question qui intéresse l'hygiène est de savoir : 1° s'il existe de l'ozone libre dans l'air ; 2° si cet ozone a une influence sur l'organisme ; 3° s'il serait possible de *fabriquer* de l'ozone pour assainir les milieux où respirent un grand nombre de personnes, surtout dans le cas des salles d'hôpitaux ou des dortoirs des casernes, etc.

1° Lorsque les décharges électriques sillonnent l'atmosphère, il se manifeste ce que van Marum a reconnu : « L'air prend l'odeur de l'électricité. » — L'atmosphère se charge donc d'une certaine proportion de ce corps que Schœnbein nomme *ozone ;* les miasmes que cette atmosphère renferme sont donc tous ou du moins en partie détruits ?

2° Mais, si nous nous reportons aux expériences relatives à l'oxygène électrisé en vase clos, on remarque que cet oxygène pur, qui ne peut changer de nature, mais qui se modifie seulement sous l'influence de l'électricité, impressionne exactement les réactifs comme le feraient les composés nitreux, chlorés et tous les corps oxydants. Est-il possible, en conséquence, d'admettre que, dans l'air, l'électricité vienne *sensibiliser* l'oxygène et que ce gaz, devenu si actif, reste inerte en présence de l'azote, de la vapeur d'eau, et des éléments si multiples dont l'air est le réceptacle? On est donc conduit à penser que ce que les météorologistes appellent l'ozone de l'air n'est pas cet oxygène électrisé pur, mais un composé, oxydant au même degré, et dont la nature n'a pas encore été définie. — Cependant les avis sont encore partagés.

MM. E. Saint-Edme et L'Hôte ont fait des expériences qui sont curieuses, en ce sens qu'elles prouvent que, dans l'air, l'étincelle électrique peut engendrer soit de *l'ozone*, soit des composés nitreux. Ces expériences établissent la différence qui existe entre les composés nitreux et

l'ozone, sans affirmer la nature de ce dernier.
Chacun connaît la bouteille de Leyde. Il suffira
de dire qu'une étincelle directe, comme celle de
la machine électrique, déterminera dans l'air la
production de vapeurs nitreuses, tandis que les
décharges condensées de la bouteille de Leyde y
engendreraient de l'ozone. Partant de ce principe,
on peut comprendre que, par suite de disposi-
tions diverses des nuages, il éclate dans l'atmosphère des étincelles de ces deux genres, par suite,
qu'il se produit dans l'air, soit des composés nitreux, soit cet *ozone*.

MM. E. Saint-Edme et L'Hôte ont fait leurs
expériences avec un appareil que l'auteur M. Bead
appelait un générateur d'ozone ; en Angleterre,
on songeait déjà à l'appliquer à l'assainissement
des hôpitaux et des amphithéâtres. — Le résultat
de ces expériences a été d'établir la différence de
pouvoir des deux espèces d'étincelles, c'est-à-dire
d'indiquer l'espèce d'électricité à employer, ensuite de donner une idée de la quantité minime
d'ozone que l'on peut obtenir. — 1 mètre cube

d'air fournirait $0^{gr},500$ d'ozone, c'est-à-dire à peu près $\frac{1}{5}$ de litre pour 1,000 litres. — Et, cependant l'odeur est excessivement forte et impressionne très-vivement les organes, tellement que des malaises pourraient s'ensuivre, si on ne ventilait pas énergiquement.

Nous ne doutons pas cependant que l'on ne parvienne à produire une plus grande quantité d'ozone, par voie électrique. La question est actuellement élucidée, et nous serions heureux de voir les comités d'hygiène recourir à l'ozone dont l'application serait (abstraction faite de sa nature), plus aisée et moins dangereuse que l'emploi des antiputrides chimiques.

Le pain du siége. — Le pain ne manquera pas, l'administration l'affirmait, au début du siége, et elle renouvela cette affirmation à plusieurs reprises, alors, qu'à certains moments, la panique prenait les Parisiens. Le pain devait fatalement manquer et l'administration n'a pas été sage en ne prenant pas ses précautions en prévision d'un siége de longue durée.

Il est de tout principe, quand une ville, grande ou petite, est assiégée, de se préparer à tenir le plus longtemps possible. — Le gouvernement répondra qu'il tenait à ne pas jeter le mécontentement dans Paris en commençant, tout de suite, le système du rationnement. Il a eu grand tort ; pour avoir moins longtemps pâti, les Parisiens ont enduré de plus rudes souffrances. — Jusqu'à la fin de novembre, le pain a conservé sa même constitution de *pain blanc ;* la farine n'a pas été altérée. On y ajoutait un peu de fécule, mais toutes les opérations étaient effectuées, grâce aux nombreuses meules qui furent installées, dès le commencement du siége, à l'usine Cail, à la gare d'Orléans et ailleurs encore. En décembre, la panique réelle commença, on donna du pain bis, très-bon du reste ; mais bientôt la qualité du pain baissa et, au commencement du bombardement, dès le 5 janvier, on vit apparaître ce pain qui ne contenait que 50 pour 100 de farine non blutée ; le reste étant du riz, de l'orge, de l'avoine, et la paille, qui se présentait en longs frag-

ments, s'évaluait pour le moins à 50 pour 100.
— Les philosophes se contentaient de dire : « Nous
avons donné notre pain à nos chevaux, il est juste
que nous mangions leur paille. » Mais si c'était
juste, dans un sens et pour certains, les femmes
et les enfants souffraient beaucoup de cet aliment
qui n'avait plus du pain que le nom. L'hiver était
dur ; le combustible était devenu introuvable. On
ne trouvait plus rien à manger qu'aux prix les
plus exagérés, et le pain manquait. La population
continua d'être admirable de patience et de dévouement : elle attaqua l'incurie de M. Jules
Ferry, mais elle se soumit à la loi de la famine. —
Pour obtenir ce pain, il fallut faire queue le matin, de très-bonne heure, par le froid le plus vif,
à la porte des boulangers. — Qu'importe ! Après
on recommençait pour le boucher, puis au chan-
tier : toute la journée se passait ainsi. Avant le
dernier coup, Montretout, le pain fut rationné à
500 grammes pour les adultes, 150 grammes
pour les enfants. — 500 grammes de ce pain,
50 grammes de cheval, voilà quelle était la nour-

riture du Parisien, et le très-petit nombre pouvait encore acheter des aliments, tout ayant atteint le maximum de la cherté. On ne se plaignit pas, mais l'affaire de Montretout découragea tout le monde; chacun comprit à l'échauffourée du 22 janvier que le gouvernement était à bout, et le 28 tout fut terminé. — Cette triste ration dut être conservée jusqu'au 8 février, alors seulement la boulangerie redevint libre, et le pain fut blanc. — Vers le 20 février, les bouchers recommencèrent aussi à servir sans cartes, à des prix que l'on n'aurait pu espérer après un si long épuisement de toutes choses.

La peste bovine. — Pour comble de malheurs, Paris dut encore se ressentir des Prussiens, même le siége fini. — Ces horribles ennemis nous laissaient la peste bovine, après avoir tout pillé, tout détruit. Les malheureux bestiaux tombaient dans les rues de Paris, jetant la plus cruelle épouvante dans une population qui savait trop, hélas! ce que c'est que la faim.

M. Boulay, le savant directeur d'Alfort, a heureusement exposé très-nettement la question. —
De tout temps, la *peste bovine*, et non le *typhus*,
est le résultat immanquable du passage des armées
allemandes dans un pays. Cette observation ne
date pas seulement de 1814, mais depuis les Huns.
En ce moment, la peste bovine frappe la Bretagne,
la Sarthe, la Mayenne, le Berry, la Normandie.
Les expériences directes et volontaires ont prouvé
surabondamment que la peste bovine ne s'inocule
pas dans le travail de la boucherie, et Paris prouve
depuis le siége que les viandes des animaux
atteints ne sont pas nuisibles à l'économie animale: on n'a encore mangé depuis le ravitaillement jusqu'à ce moment, fin mars, que des sujets
atteints par le fléau. La précaution que M. Boulay
recommande c'est de manger les viandes très-
cuites et non saignantes.

La régénération de l'instruction en France. —
L'Académie des sciences a bien mérité de la
patrie pendant toute la durée du siége. — Elle a

interrompu ses travaux ordinaires pour mettre
toutes ses lumières au service de la Défense nationale, accueillant et étudiant toutes les communications qui avaient trait à cette grande œuvre.
— Nos épreuves terminées, l'Académie des sciences ne doit pas revenir à ses anciennes traditions :
elle a un rôle très-grand à remplir. Le premier
corps savant de la France doit inscrire en tête de
son programme la *Régénération de l'instruction
en France.*

Les terribles catastrophes qui ont assailli la
France devaient rendre songeurs ceux qui aiment
le moins à descendre au fin fond de soi-même, et
la pensée qui se généralise, c'est que la France,
si grande qu'elle soit par ses illustrations litté-
raires, scientifiques et artistiques, n'est pas une
nation *instruite.* Il lui faut non des sénats con-
servateurs d'idées et de théories, mais des sociétés
imbues de l'esprit du progrès et de la passion de
déverser au dehors les idées bonnes et utiles qui
germent dans leur sein. Réformer le mode d'instruction du petit au grand ; du premier échelon

19.

au plus élevé ; réformer les corps savants ; réformer tout ce qui tient au *système intellectuel*, c'est la pensée commune dont chaque homme capable de réfléchir est saisi fatalement.

M. Henri Sainte-Claire Deville, le célèbre chimiste de l'École normale, a eu le mérite de prendre l'initiative de ce mouvement de noble et saine révolution au sein de l'Académie des sciences.— La science, dit M. H. Deville, a joué un rôle grand et terrible dans les défaites que nous venons de subir. Les découvertes d'Ampère, les travaux de nos mécaniciens ont été cruellement utilisés contre nous. Enfin, l'organisation libérale des universités allemandes a été mise au service des passions haineuses dirigées contre notre pays. Aussi, dit-on de tous côtés, et avec raison, que c'est par la science que nous avons été vaincus. La cause en est au régime qui nous écrase depuis quatre-vingts ans, qui subordonne les hommes de science aux hommes de la politique et de l'administration, régime qui fait traiter les affaires de la science par des bureaux. Il faut sortir de cette

impasse, il faut que l'Académie réponde à son
origine et qu'elle traite publiquement ces grandes
questions de la réforme scientifique et scolastique
qui importent à la régénération morale du pays.

Tel est en résumé le vœu émis par M. H. Deville, il demande donc à l'Académie de voter
l'adoption de sa proposition, qui tendra à dé-
pouiller nos grands corps savants des enveloppes
administratives qui les étouffent. Ainsi donc, le
rôle de l'Académie serait singulièrement élargi.
De nouvelles commissions seraient instituées ;
l'Académie deviendrait le souverain juge de toutes
les affaires d'instruction publique.

La belle proposition de M. H. Deville a reçu
l'approbation de plusieurs membres de l'Académie des sciences, qui l'ont motivée en raison de
leurs positions de professeurs. Il faut souhaiter
que l'Académie tout entière adopte promptement
le programme de M. H. Deville.— Alors le ministère de l'instruction publique n'aura plus à tâche
que l'organisation matérielle de l'enseignement,
et le corps enseignant ne relèvera que de ce haut

jury tout naturel de l'instruction dont les différents corps s'adressent aux lettres, aux sciences
et aux beaux-arts.

En réorganisant le système de l'instruction publique, il est fort à désirer que l'on touche d'une
façon décisive à cette grave question du *cumul*.
Les titulaires de plusieurs chaires de professeurs
ou autres emplois relevant de la science peuvent
désirer voir augmenter les honoraires du poste
unique qui leur sera assigné; mais s'ils ont l'esprit juste et droit, ils seront heureux de pouvoir
consacrer la somme de leurs efforts à l'exécution
de leur unique fonction et au progrès de la science,
en même temps qu'ils verront cesser avec satis-
faction un fatal état de choses qui condamne
nombre de leurs confrères, vraiment dignes du
nom de savants, à une misère éternelle ou à une
stagnation perpétuelle dans les postes inférieurs.

Que l'Académie y pense bien: il est non-seulement de sa gloire, mais de son intérêt, de prendre l'initiative de ce grand mouvement des
esprits.

La France ne peut pas mourir, son existence est indispensable au rôle de l'Europe dans le monde ; aussi n'avons-nous jamais redouté ce deuil suprême. Il faut envisager avec autant de raison que de courage cet avertissement suprême du destin ; il faut que chaque enfant de la France se pénètre de l'idée que sa mère-patrie ne sera relevée que par le sentiment du devoir, de la raison et de la justice ; il faut pour atteindre au plus vite l'heure de la revendication, non pas tant des armes perfectionnées, des poudres terrifiantes, des engins scientifiques ; il faut que l'éducation place au même niveau les populations encore si diverses de la France.—Si nos pères ont unifié la France, au point de vue du sol, il nous appartient de rendre ce résultat efficace au point de vue de l'éducation. — Il ne faut plus seulement que la France brille par ses illustrations, au détriment de la masse de la population, il faut que toute cette population soit réellement instruite.

L'ignorance n'amènera jamais qu'une liberté factice, que le triomphe passager des factions.

Nous savons ce qu'il a coûté à la France, après cette malheureuse guerre. — Mais l'égoïsme encourage l'ignorance, il est donc de toute nécessité que la fraternité bien entendue concoure à l'instruction de tous, et, à cette condition, la vraie et pure liberté fleurira en France, et l'heure de la revendication sonnera sans amener de nouveaux deuils.

FIN

TABLE DES MATIÈRES

CHAPITRE VI

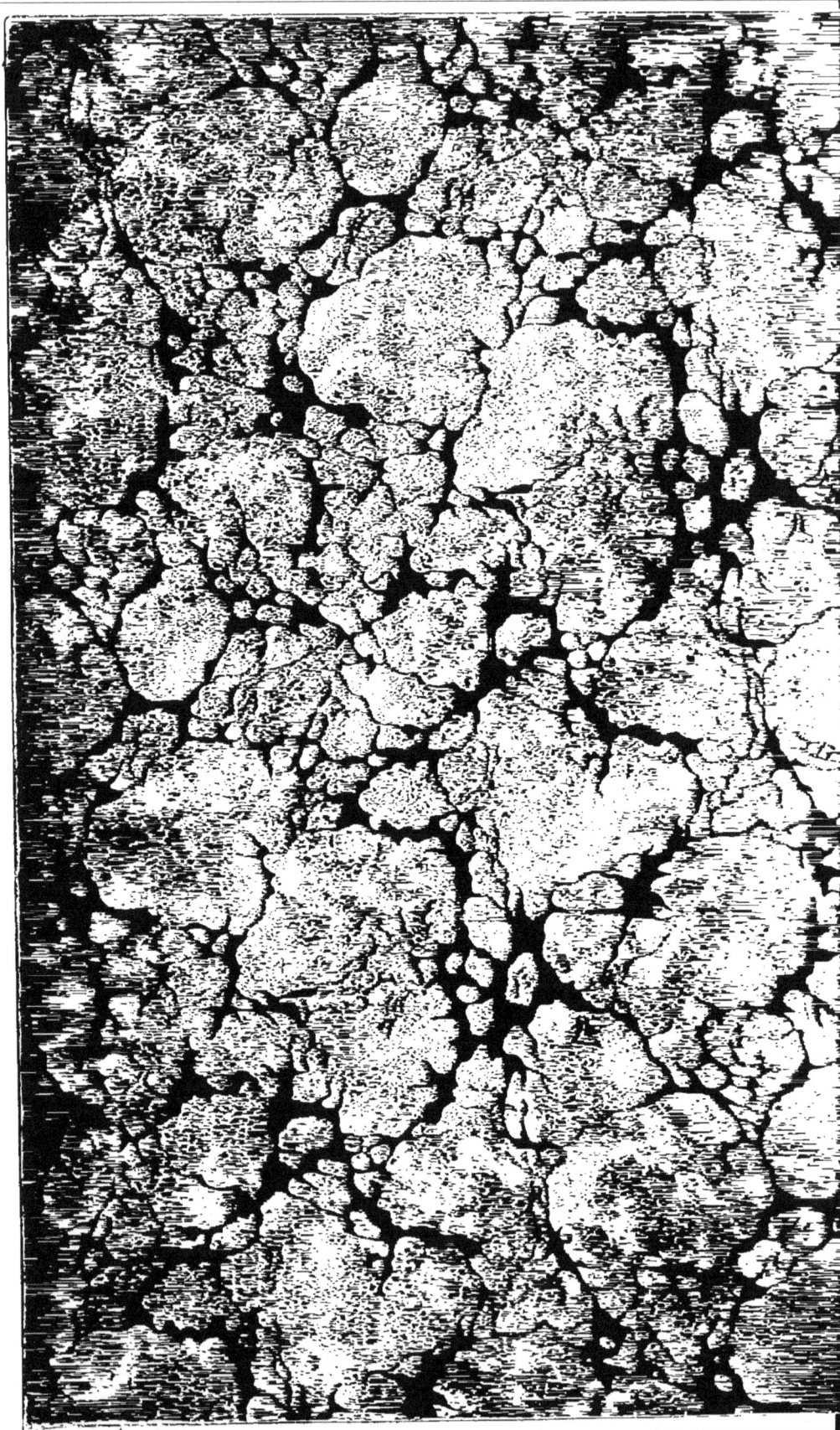

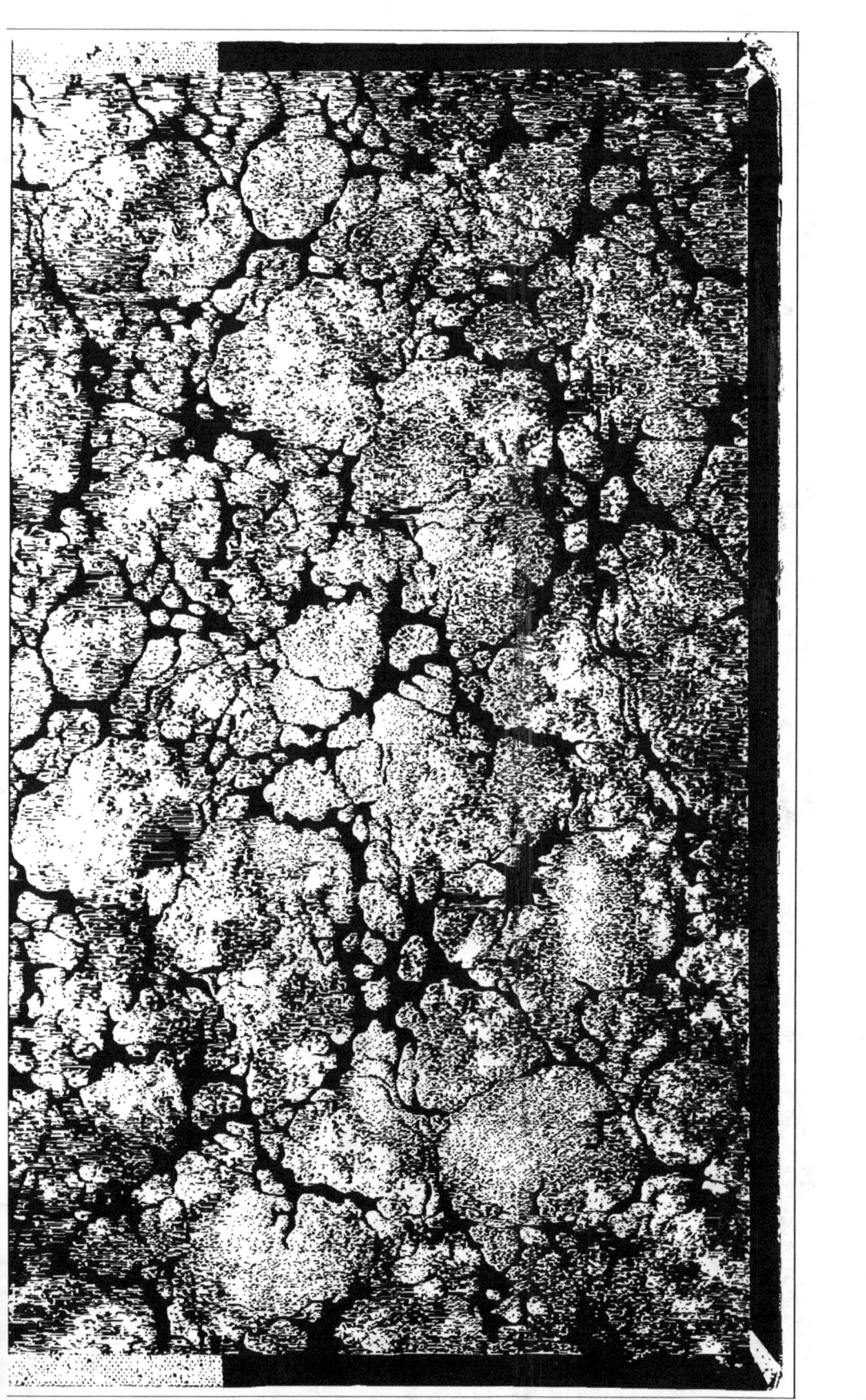

www.ingramcontent.com/pod-product-compliance
Lightning Source LLC
Chambersburg PA
CBHW061008280326
41935CB00009B/881